Carolina Sonnenschein

Fantasiereisen
für den Religionsunterricht 1–4

Einfach, entspannt und kreativ
zum Lernerfolg im Fachunterricht

Wir haben uns für die Schreibweise mit dem Sternchen entschieden, damit sich Frauen, Männer und alle Menschen, die sich anders bezeichnen, gleichermaßen angesprochen fühlen. Aus Gründen der besseren Lesbarkeit für die Schüler*innen verwenden wir in den Kopiervorlagen das generische Maskulinum. In diesem Werk sind nach dem MarkenG geschützte Marken und sonstige Kennzeichen für eine bessere Lesbarkeit nicht besonders kenntlich gemacht. Es kann also aus dem Fehlen eines entsprechenden Hinweises nicht geschlossen werden, dass es sich um einen freien Warennamen handelt.

1. Auflage 2020
© 2020 Auer Verlag, Augsburg
AAP Lehrerwelt GmbH
Alle Rechte vorbehalten.

Das Werk als Ganzes sowie in seinen Teilen unterliegt dem deutschen Urheberrecht. Der*die Erwerber*in des Werks ist berechtigt, das Werk als Ganzes oder in seinen Teilen für den eigenen Gebrauch und den Einsatz im Unterricht zu nutzen. Die Nutzung ist nur für den genannten Zweck gestattet, nicht jedoch für einen weiteren kommerziellen Gebrauch, für die Weiterleitung an Dritte oder für die Veröffentlichung im Internet oder in Intranets. Eine über den genannten Zweck hinausgehende Nutzung bedarf in jedem Fall der vorherigen schriftlichen Zustimmung des Verlags.
Sind Internetadressen in diesem Werk angegeben, wurden diese vom Verlag sorgfältig geprüft. Da wir auf die externen Seiten weder inhaltliche noch gestalterische Einflussmöglichkeiten haben, können wir nicht garantieren, dass die Inhalte zu einem späteren Zeitpunkt noch dieselben sind wie zum Zeitpunkt der Drucklegung. Der Auer Verlag übernimmt deshalb keine Gewähr für die Aktualität und den Inhalt dieser Internetseiten oder solcher, die mit ihnen verlinkt sind, und schließt jegliche Haftung aus.

Covergestaltung und -illustration: Atelier Buntstiftsalat | Franziska Kalch, Gornau
Illustrationen: Corina Beurenmeister
Satz: Fotosatz H. Buck, Kumhausen
Druck und Bindung: Korrekt Nyomdaipari Kft
ISBN 978-3-403-**08377**-1

www.auer-verlag.de

Inhaltsverzeichnis

Vorwort 5

Didaktische Hinweise zur Methode 6

Mensch und Welt
   Klasse 1/2
   Und es ward' Licht! (Schöpfungsgeschichte) 9
   Im Wald lässt sich so viel entdecken 12
   Mein Garten im Frühling 15
   Ich – und Gott 18

   Klasse 3/4
   Es ist doch nur ein Blatt Papier 21
   Wie kommt die Ananas auf meine Crêpes? 25
   Ein Sommertag am Maar 29

Jesus Christus
   Klasse 1/2
   Zeit und Umwelt Jesu 32
   Jesus erzählt 35

   Klasse 3/4
   Jesus und die gekrümmte Frau 39
   Was für eine Hochzeit! 44

Gott
   Klasse 1/2
   Der Hirte 47
   Jona 51

   Klasse 3/4
   Befreiung aus der Sklaverei 55
   Gedenke, dass du den Sabbat heiligst 58
   Die zehn Gebote 62
   JHWH Ich-bin-da 67

Andere Religionen
Klasse 3/4
Einen ganzen Monat nichts essen?!?........................... 70
Der Koran... 75
In der Synagoge 79
Einladung zum Pessach-Fest................................. 84

Bibel und Tradition
Klasse 3/4
Welch großartige Bibliothek!................................. 88
Die Evangelisten 94

Vorwort

Im heutigen Unterrichtsalltag wird erwartet, dass Lerninhalte möglichst kreativ und mit einer angemessenen Methodenvielfalt vermittelt werden, damit zum einen die Aufmerksamkeit der Schüler*innen nicht nachlässt und zum anderen auch möglichst alle verschiedenen (auditiven, visuellen, haptischen und kommunikativen) Lerntypen angesprochen werden. Gleichzeitig sollen sich die Schüler*innen im Sinne der Leistungs- und Konkurrenzfähigkeit möglichst viel Wissen in möglichst kurzer Zeit aneignen. Dies hat zur Folge, dass sowohl die Kinder als auch immer mehr Lehrkräfte dazu neigen, immer nur bis zur nächsten Lernkontrolle zu denken.

Hinzu kommt oft, dass es in der schnelllebigen und reizüberfluteten Zeit, in der wir heutzutage leben, an Ruhepolen und Momenten der Entschleunigung fehlt – sowohl für die Schüler*innen als auch für die Lehrkräfte. Gerade im Religionsunterricht, jedoch auch immer mehr in anderen Fächern, sollten daher immer wieder Möglichkeiten geschaffen werden, die Ruhe und Besinnung bringen, ohne jedoch den Lehrauftrag, also den Inhalt der Lehrpläne, aus den Augen zu verlieren.

Hierfür soll dieses Material Hilfestellung leisten. Nach einer Idee von Carolina Sonnenschein werden Lerninhalte durch Fantasiereisen kreativ erfahrbar gemacht. Die Fantasiereisen sind so konzipiert, dass sie nach Bearbeiten eines Themas zum Vertiefen und Festigen des Gelernten eingesetzt werden können.

Die Methode eignet sich zum einen für Lehrkräfte, die mit derartigen Entspannungsübungen vertraut sind, sie kann aber auch unerfahrenen Kolleg*innen als Leitfaden dienen, um diese Methode einfach auszuprobieren und anzuwenden.

Wir wünschen Ihnen und Ihren Schüler*innen viel Freude und Erfolg mit dieser Methode und diesen Materialien.

Didaktische Hinweise zur Methode

Vorbereitung

Fantasiereisen benötigen eine gewisse vertraute und ruhige Atmosphäre. Hinzu kommt eine möglichst angenehme Sitz- oder Liegeposition. Nicht alle Schulen und Klassenräume bieten eine Möglichkeit, hier aus dem Vollen zu schöpfen.

Jedoch hat es sich meiner Erfahrung nach bewährt, die Kinder wie folgt zu platzieren:

- Die Kinder sollten auf ihren Stühlen sitzen und die beiden Füße parallel zueinander auf den Boden stellen.
- Die Arme sollten verschränkt vor den Kindern auf der Tischplatte liegen und der Kopf sollte auf den Armen ruhen. (Natürlich ist es auch möglich, dass die Kinder aufrecht sitzen, wenn das dem Naturell Ihrer Schüler*innen eher entgegenkommt.)
- Je nach Bedarf und Wetterlage ist es auch möglich, eine Jacke, Sweatshirt oder Ähnliches zwischen Arme und Gesicht zu legen.

Vorab sollten Sie den Schüler*innen in einem Gespräch vermitteln, dass es bei der Übung darauf ankommt, sich komplett auf sich selbst und das von Ihnen Gesprochene zu konzentrieren. Alle sollten versuchen, weitere Geräusche auszublenden. Das bedarf einiger Übung. Die Erfahrung zeigt aber, dass die Methode von den Kindern in der Regel sehr gut und schnell angenommen wird.

Die Kinder können einer Fantasiereise verständlicherweise nicht jeden Tag oder in jeder Unterrichtsstunde gleich gut folgen. Dies kann verschiedene Gründe haben.

Falls es Schüler*innen gibt, die an manchen Tagen nicht in der Lage sind abzuschalten, empfehle ich, diesen Kindern mitzuteilen, dass sie komplett still sein sollen und einfach ihren eigenen Gedanken nachschweifen dürfen. Vielleicht gelingt ihnen so auch ein späterer Wiedereinstieg. Ihren Mitschüler*innen sollten sie jedoch in jedem Fall durch absolute Ruhe die Chance lassen, der Reise in entspannter Atmosphäre zu folgen.

Eine weitere Möglichkeit, den Schüler*innen das Reisen einfacher zu machen, kann eine ruhige, evtl. sogar zum Thema passende musikalische Untermalung (am besten ohne Gesang) sein.

Im Anschluss an eine Fantasiereise ist es wichtig, das Erlebte aufzufangen. Dies kann durch eine der konkreten didaktischen Anregungen erfolgen, die den Fantasiereisen vorgeschaltet sind, oder durch ein allgemeinsames Klassengespräch.

Bitte achten Sie hierbei unbedingt darauf, dass Ihre Schüler*innen freundlich miteinander umgehen.

Das Wichtigste ist in jedem Fall, dass Sie und Ihre Lerngruppe sich bei der Durchführung wohlfühlen!

Hinführen und Rückholen

Für das Hinführen und Rückholen empfehle ich Ihnen, stets die gleiche „Geschichte" zu wählen. Dies macht es einfacher, sowohl für Sie als auch für Ihre Lerngruppe. Ein ritualisierter Einstieg kann den Schüler*innen den Weg hin zur eigentlichen Fantasiereise vereinfachen und auch eine ruhigere Atmosphäre in der Klassensituation bewirken.

Empfehlenswert ist es, sich eine kleine Geschichte auszudenken, die die räumliche Situation der Schule miteinbezieht. Bitte denken Sie daran, alle störenden Gegenstände wegräumen zu lassen. Mäppchen usw. haben während der Reise auf dem Tisch nichts zu suchen. Sie sollten einen möglichst reizfreien Tisch gestalten.
Beispielsweise könnte ein Einstieg dann so aussehen:
„Setzt euch entspannt in die bekannte Position.
Die Beine und Füße sind parallel.
Die Arme und den Kopf könnt ihr auf dem Tisch ablegen.
Wer möchte, kann seine Jacke oder seinen Pulli als eine Art Kissen nehmen.
Wer eine Brille trägt, zieht diese ab und legt sie neben sich.
Achtet nun auf euren Atem. Jeder für sich.
Du spürst, wie die Atemluft in deinen Körper hineinfließt, deine Lunge füllt und langsam wieder hinausströmt.
Der Atem füllt deine Lunge, der Brustkorb hebt sich und der Bauch füllt sich auch ein wenig.
Dann fließt der Atem wieder hinaus und der Brustkorb senkt sich wieder.
Der Bauch wird auch wieder flacher.
Atme weiter ein … achte auf deinen Atem und deinen Körper … und atme wieder aus …, ein … und aus.
Du atmest in deinem eigenen Tempo weiter und achtest auf deinen Körper.
Du achtest darauf, was der Atem mit deinem Körper macht, und wie gut es dir tut."

Achten Sie darauf, dass Sie ein angemessenes Tempo wählen. Die Kinder sollten nicht in Stress geraten beim Atmen. Falls Sie eine sehr divergente Gruppe haben, sollten Sie die Kinder möglichst schnell zu ihrem eigenen Tempo hinführen. Bevor Sie mit den Fantasiereisen beginnen, können Sie mit den Kindern eine Zeitlang auch nur Achtsamkeitsübungen zum Atmen einüben. Vielleicht hilft das Ihren Schüler*innen, um leichter in die Fantasiereisen einzusteigen.

Eine Achtsamkeitsübung zum Atmen könnte etwa so angeleitet werden:
„Ganz entspannt und in Ruhe stehst du in Gedanken auf und gehst zur Tür des Raumes. Du verlässt den Raum, gehst den Flur entlang und zur Tür des Schulgebäudes hinaus. Jetzt bist du auf dem Schulhof. Dort stehst du vor einer riesigen Mauer. Merkwürdig. Normalerweise ist hier keine Mauer. Neugierig gehst du ein Stück an der Mauer entlang. Die Mauer ist sehr, sehr hoch. Du hast keine Chance, darüber zu schauen. Nach einigen Metern entdeckst du eine Lücke in der Mauer. Was sich wohl dahinter verbirgt? Vorsichtig schaust du hindurch. Auf der anderen Seite ist es sehr hell, daher kannst du zunächst nichts richtig erkennen. Du gehst durch die Lücke und langsam gewöhnen sich deine Augen an das Licht und die neue Umgebung. Du blinzelst ein paar Mal …"

Hier könnte dann die eigentliche Fantasiereise beginnen.
Für das Zurückholen aus der Reise empfehle ich, den gleichen Weg zu wählen. Kurz vor dem erneuten Durchschreiten der Mauer auf dem Rückweg können Sie die Schüler*innen noch einmal zurückblicken oder zumindest daran zurückdenken lassen, was sie gerade auf ihrer Reise erlebt haben. So können noch einmal die Gefühle hervorgerufen werden, die sich ggf. auf der Reise entwickelt haben. Mit diesen Gefühlen können Sie die Schüler*innen durch die Mauer zurückgehen lassen.

„Mit einem letzten Blick über die Landschaft schlüpfst du durch die Lücke in der Mauer, gehst wieder über den Schulhof zurück zur Schultür. Du gehst den Flur entlang und betrittst wieder das Klassenzimmer. Du setzt dich auf deinen Stuhl."

Wichtig ist nun die langsame Aktivierung der Lernenden:
„Du beginnst nun langsam, deine Füße und die Hände zu bewegen. Du streckst vorsichtig die Arme und Beine. Du räkelst dich. Du fängst nun auch an, etwas zu blinzeln und kommst wieder richtig im Hier und Jetzt an."

Ich selbst beende diese Phase sehr gerne mit einem „Herzlich willkommen zurück hier im Klassenzimmer."
Anschließend gebe ich den Kindern einen Moment Zeit, sich wieder zurechtzufinden, um dann mit entsprechenden weiterführenden oder reflektierenden Aufgaben fortzusetzen.

Mensch und Welt Klasse 1/2

Und es ward' Licht! (Schöpfungsgeschichte)

Tipps und Anmerkungen zu dieser Fantasiereise:
In der Fantasiegeschichte durchreisen Ihre Schüler*innen die gesamte Schöpfungsgeschichte – beginnend beim ersten „Tag", mit der Vorstellung des Dunklen, bis hin zum siebenten Tag. Dunkelheit kann für manche Kinder als Stressfaktor wirken. Da es allerdings üblicherweise tags sein wird, wenn Sie diese Reise mit Ihren Schüler*innen unternehmen, sollte dies i. A. kein Problem darstellen. Dennoch erscheint es ratsam, den ersten Moment der Reise an die jeweilige Lerngruppe anzupassen und entsprechend zügig oder langsamer gestalten.
Lassen Sie den Kindern genügend Zeit, sich auf die verschiedenen Szenarien einzulassen, den jeweiligen Tag „zu fühlen" bzw. „zu erleben". Entsprechend intensiver kann die Nachbereitung erfolgen und umso deutlicher bleibt ihren Schüler*innen die Schöpfungsgeschichte in Erinnerung.

Mögliche Arbeitsaufträge:
- Male ein Bild zu einem Tag der Schöpfungsgeschichte, den du besonders wichtig und schön findest.
- Bildergeschichte:
  - Variante A: Sortiere die Bilder in der richtigen Reihenfolge.
    Ergänzender Auftrag: Male alle Bilder anschließend aus.
    (Hierzu sollten Sie eine Bildergeschichte mit verschiedenen Bildern zu den jeweiligen Tagen der Schöpfung vorbereitet haben.)
  - Variante B: Nimm dir acht Blätter (kleine Blankoblätter, etwa 10 x 10 cm).
    Male auf sieben dieser Blätter jeweils einen Tag der Schöpfungsgeschichte.
    Auf das achte Blatt schreibst du „Die Schöpfungsgeschichte".
    Klebe nun die acht Blätter wie eine Bildergeschichte auf ein Plakat.
- Mobile: Bastle mithilfe von Bindfäden und Stäben ein Mobile. Das achte Blatt gehört an die oberste Stelle.
- Folgende Fragen bieten sich im Anschluss an die Fantasiereise an:
  - Wie ist es dir auf deiner Reise ergangen?
  - Was hast du gefühlt?
  - Wie fühlst du dich jetzt?

Fantasiereise: Und es ward' Licht (Schöpfungsgeschichte)

Irgendwie kannst du gar nichts sehen. Alles ist dunkel. Dennoch bist du gerade sorglos und frei. Du fühlst dich wunderbar geborgen.
Du hast das Gefühl, schweben zu können. Ganz leicht fühlst du dich und lässt das „Nichts" auf dich wirken. Du vernimmst eine Stimme. Eine ruhige und vertrauensvolle Stimme. Sie sagt: „Es werde Licht."
Und tatsächlich: Augenblicklich wird es hell um dich herum.
Alles strahlt in irgendeiner Weise. Etwas später wird es erneut dunkler.
Die erste Nacht der Welt. Alles ist ruhig, dunkel und friedlich.

[Pause]

Am zweiten Tag entsteht der Himmel. Mittlerweile hast du erkannt, dass all dies durch Gott geschieht. Es ist die Stimme, die du hörst. Er teilte das Wasser der Erde, sodass sich ein großer Bogen über dich und die ganze Erde zog.
Du beobachtest diesen Bogen eine Weile, aber noch ist dort noch nichts weiter zu sehen … außer diesem bläulichen riesigen Bogen.
Es wird wieder langsam dunkel und du wirst müde.

[Pause]

Der dritte Tag ist besonders spannend. Das Wasser, das sich über die ganze Welt erstreckt, sammelt Gott nun an bestimmten Bereichen. Es fließt wie durch Zauberhand zusammen.
So werden einige Bereiche frei, dort erkennst du die Erde. Die trockenen Stellen werden zu Land, die Wasserbereiche bilden das Meer.
Auf dem Land wachsen bereits erste Pflanzen. Um dich herum wird es immer grüner. Du schaust den Pflanzen beim Wachsen zu. Erst sind sie noch ganz klein.
Du kannst sie kaum unterscheiden. Doch dann werden sie größer, sodass du verschiedene Formen und Farben vieler Pflanzen erkennen kannst.
Genauso wie Gott schaust du dir alles an, was bisher geschaffen wurde – und ihr seht, dass es gut war.

[Pause]

Nun beginnt der vierte Tag. Du schaust dich um und entdeckst den Mond.
Er schimmert wunderschön am Himmel. Langsam spürst du, dass es immer wärmer wird.

Dein Köper spürt etwas, wie ein warmes Streicheln – über deinen Kopf,
deine Arme, deine Schultern und deinen Rücken. Es ist sehr angenehm und
erwärmt dich bis ins Innere, bis zu deinem Herzen, bis zu deinem Bauch.
Du spürst diese wunderbare Wärme und erkennst nun auch den Grund
dafür: Über dir strahlt die Sonne und erleuchtet alles. Du genießt die Wärme
und die Strahlen. Der erste Sonnenaufgang. Etwas später: Der erste
Sonnenuntergang der Welt.
Als es wieder dunkel ist, kannst du den Mond und auch ganz viele Sterne
am Himmel strahlen sehen.

[Pause]

Am nächsten Morgen erwachst du und schaust dich um. Du erkennst alles,
was Gott erschaffen hat: Den Himmel, die Meere, das Land, die Sonne …
Jedoch ist außer dir und den Pflanzen noch kein Leben auf der Welt.
An diesem fünften Tag erschafft Gott die Fische und die Vögel.
Du beobachtest sie. Du siehst die Vögel am Himmel. Und du entdeckst die
verschiedenen Fische, die im Wasser schwimmen.
Nach einiger Zeit neigt sich auch dieser Tag dem Ende zu.

[Pause]

Am sechsten Tag erschafft Gott ganz viele
Tiere, die auf der Erde leben: große Tiere, kleine
Tiere, Löwen, Elefanten, Kühe, Ziegen, Käfer,
Regenwürmer – alle möglichen Tiere, die du dir vorstellen kannst. Schau
dich um und sieh genau hin, welche Tiere du entdeckst. Vielleicht findest du
ja noch weitere in den Büschen und auf den Bäumen?
Außerdem erschafft Gott nun auch die Menschen. Er erschafft sie nach
seinem Vorbild. Die Menschen sollen ihm ähnlich sein. Und genau deshalb
sind sie auch alle so unterschiedlich: Groß, klein, dick, dünn, hell, dunkel,
mit blonden, roten, braunen oder auch schwarzen Haaren.

[Pause]

Der nächste Tag, der siebente Tag, beginnt.
Du schaust dir die Welt an: Am Himmel fliegen die
Vögel, die Fische schwimmen im Wasser, Tiere
leben an Land, es wird Tag und es wird auch wieder Nacht, die Sonne, der
Mond und die Sterne sind am Himmel zu sehen. Überall gibt es auch ganz
verschiedene Menschen. Und Gott und du sehen, dass es gut ist.
An diesem siebenten Tag ruht ihr euch aus, genießt einfach das Leben und
schaut euch die Welt an.

Mensch und Welt

Klasse 1/2

Im Wald lässt sich so viel entdecken

Tipps und Anmerkungen zu dieser Fantasiereise:
In dieser Reise geht es darum, dass die Schüler*innen die Natur als Teil der großen Schöpfung Gottes erkennen und erfahren. Zeit und Gelegenheit für Waldspaziergänge sind oft nicht überall gegeben, dennoch bieten sie eine gute Möglichkeit, um sich selbst wieder zu sammeln und zu erden.
Die Fantasiereise soll die Lernenden sensibilisieren, ihre Umwelt mit all ihren Sinnen wahrzunehmen. Auf diese Weise können Kinder anstrengenden Lebenssituationen zeitweilig entfliehen und sich auf etwas anderes bzw. auf eigene Bedürfnisse konzentrieren.

Mögliche Arbeitsaufträge:
- Welche Erlebnisse hattest du auf deiner Reise? Schreibe einen kurzen Tagebucheintrag.
- Male ein Bild deines Waldes.
- Wie hast du dich auf dieser Waldreise gefühlt?
- Was war besonders schön / aufregend / interessant …?
- Male die Wiese, die du auf deiner Reise gesehen bzw. gefühlt hast.
- Gestalte ein Plakat. Zeige, was sich alles im Wald / auf der Wiese sehen, entdecken oder riechen lässt.
- Wann warst du das letzte Mal im Wald / auf einem Feld?
- Was hast du da gemacht?
- Warum warst du dort?
- Wann möchtest du wieder hingehen?
- Gehe in einen Wald oder auf ein Feld und versuche, in gleicher Weise deine Umwelt wahrzunehmen.

Fantasiereise: Im Wald lässt sich so viel entdecken

Du folgst einem Weg, der in einen Wald führt. Am Waldrand ist es noch sehr hell. Die einzelnen Bäume sind einfach voneinander zu unterscheiden. Der Wald wirkt hell und freundlich. Du siehst kleine Vögelchen zwischen den Bäumen umherfliegen. Du bleibst stehen und beobachtest sie einen Moment. Ein Vögelchen fällt dir besonders auf. Sein Gefieder findest du besonders schön. Es fliegt auf einen Ast und fängt sogar an zu singen! Du lauschst ein wenig.

[Pause]

Nach einer Weile begibst du dich nun weiter in den Wald hinein. Die Luft ist einfach wunderbar. Dieser Wald hat seinen ganz eigenen, besonderen Duft. Du atmest ein paarmal tief ein und wieder aus.

Auf dem Waldweg entdeckst du ein kleines Tier. Es sieht aus, als würde es auf dich warten. Du gehst in seine Richtung.
Als das Tier merkt, dass du ihm nun folgst, läuft es den Weg weiter, tiefer in den Wald hinein. Ab und an dreht es sich um. Es ist neugierig, ob du ihm weiterhin folgst.

[Pause]

Der Weg ist aus weichem, federndem Waldboden. Hier und da liegt ein kleiner Stein oder ein heruntergefallenes Blatt darauf. Ganz selten ragt auch eine Wurzel der nahen Bäume aus der Erde.
Es fühlt sich wundervoll an, auf diesem Waldboden zu laufen.
Er ist zwar fest, aber dennoch viel weicher als Beton oder Pflastersteine.
Der Spaziergang durch den Wald macht dir richtig Freude.

[Pause]

Nach einer Biegung des Weges blickst du auf eine Lichtung: eine Wiese, mitten im Wald. Das kleine Tier bleibt stehen und schaut dich erwartungsvoll an. Du lächelst und nickst ihm dankend zu. Ein wenig seitlich entdeckst du eine Bank. Du gehst hin und setzt dich darauf. Von dort betrachtest du die Wiese. Verschiedene Gräser und einige Blumen entdeckst du.
Du genießt die Ruhe und die Pause auf dieser Lichtung.

[Pause]

Nach einer Weile stehst du auf und begibst dich auf den
Rückweg. Du weißt noch, woher ihr vorhin gekommen seid.
Langsam gehst du wieder durch den Wald zurück.
Als du schon fast wieder aus dem Wald heraus bist,
entdeckst du am Wegrand einen Baum. Er ist dir vorhin gar nicht aufgefallen.

[Pause]

Du betrachtest seine Form, ebenso seine Blätter. Vielleicht sind die Blätter
deines Baumes auch Nadeln? Oder trägt er vielleicht sogar Blüten? Du
gehst näher an ihn heran. Du berührst seine Borke. Wie fühlt sie sich an?
Ist sie rau oder eher glatt?
Du riechst an deinem Baum. Wonach riecht er für dich?
Ein wenig Wind streicht durch die Blätter, sie bewegen sich. Wie klingt das
für dich?

[Pause]

Du schaust dich nun etwas um. Unten, um den Stamm herum, entdeckst du
Moos und auch einige Blümchen.
Du gehst in die Hocke und betrachtest auch diese kleineren Pflanzen.
Ihr sattes Grün verzaubert dich.
Aber nicht nur dich. Auch ein Vögelchen nähert sich dieser Stelle. Es schaut
neugierig und freundlich aus. Vorsichtig hüpft es immer etwas näher.
Du beobachtest das Vögelchen.
Und auch das Vögelchen beobachtet dich, es bleibt aber zunächst noch
etwas auf Abstand. Als es merkt, dass du ihm nichts tun willst, kommt es
ganz dicht heran. Es setzt sich sogar auf deinen Arm! Du kannst es nun viel
deutlicher erkennen.

[Pause]

Nach einer Weile fliegt es wieder in den Wald hinein.
Du siehst die Sonne durch die Bäume des Waldes scheinen.
Es ist ein grandioser Blick. Es sieht fast alles aus wie gemalt.
Du versuchst, dir alles einzuprägen und zu merken. Vielleicht kannst du es
ja später selbst einmal malen?

Mit einem Lächeln auf den Lippen gehst du nun wieder zurück.
Du atmest noch einmal tief ein und aus. Der Wald riecht einfach
unglaublich.

Mensch und Welt — Klasse 1/2

Mein Garten im Frühling

Tipps und Anmerkungen zu dieser Fantasiereise:
Diese Reise kann sowohl im Frühling erfolgen – z. B. als Ergänzung zur Wahrnehmung der Natur – als auch im Winter, um genau auf das Leben und die enorme Faszination des Wandels in der Schöpfung einzugehen.
Sie soll den Schüler*innen helfen, Mut zu gewinnen – besonders in scheinbar tristen Zeiten. Außerdem können die Kinder im fiktiven Naturausflug ihren Respekt für die Natur im jahreszeitlichen Wandel verstärken bzw. entwickeln – in diesem Zusammenhang gleichsam ihre Achtung für die Schöpfung Gottes.

Mögliche Arbeitsaufträge:
- Was hat dir auf deinem Gartenspaziergang am besten gefallen? Warum?
- Male ein großes Bild von deinem Garten und von deiner Reise durch den Fantasiegarten.
- Die Natur lässt sich wie ein Geschenk Gottes an uns Menschen ansehen. Auch dein Garten ist ein Schatz. Male eine Schatzkarte zu deinem Garten. Vergiss nicht, besondere Bäume, Blumen oder Gegenstände einzuzeichnen. Vielleicht malst du auf der Karte zudem einen Weg zu deinem Lieblingsplatz ein?
- Welcher Platz ist dein Lieblingsplatz im Garten? Warum ist es genau dieser Platz? Was ist besonders schön daran?
- Was könntest du unternehmen, um deinen Schatz, also deinen Garten, zu bewahren und zu schützen?
- Nimm einen Samen und setze ihn in ein kleines Blumentöpfchen mit Erde ein. Vergiss nicht, deine Pflanze jeden Tag mindestens einmal vorsichtig zu gießen. Vielleicht kann dir ja ein Erwachsener dabei helfen? (Stellen Sie als Lehrkraft entsprechende Blumensamen und Blumentöpfe etc. bereit, ggf. kann dies auch als Hausaufgabe gestellt werden.)
- Setzt Blumensamen an einem geeigneten Bereich im Schulgarten ein. Kümmert euch um die heranwachsenden Pflanzen. (Zusatzaufgabe: Macht an jedem zweiten Tag ein Foto davon und hängt es in euer Klassenzimmer.)

Fantasiereise: Mein Garten im Frühling

Der Winter hat lange angedauert. Alles schien karg, Grünes im Garten war rar. Nur die Tannenbäume und die Thuja am Ende des Gartens sind grün geblieben. An Tagen, an denen die Sonnenstrahlen kaum durch die dicke Wolkendecke hindurch kamen, wirkte alles irgendwie traurig grau.
Doch jetzt werden die Tage wieder länger, die Sonne kommt immer wieder mal raus. Sie wärmt dich und auch den Garten … sie wärmt schon viel mehr als im Winter.

[Pause]

Du warst lange nicht mehr im Garten. Heute ist es endlich wieder so weit. Du gehst ein paar Schritte und entdeckst kleine grüne Spitzen, die aus der Erde ragen.

Du schaust dir diese Spitzen genauer an. Unter ihnen entdeckst du den oberen Rand einer kleinen Zwiebel.
Du überlegst, welche Pflanze an dieser Stelle letztes Jahr noch geblüht hat.
Dir fällt es wieder ein. Du erinnerst dich an die schöne Blüte, die sie schon letztes Jahr hatte. Und vor allem an ihre schöne Farbe.
Du begrüßt sie und sagst ihr, dass du dich schon auf sie freust.

Ein Stückchen weiter steht die kleine Weide. Zu deiner Überraschung hat auch sie schon angefangen zu sprießen. Die ersten Weidenkätzchen strahlen dir schon weiß entgegen. Einige sind noch von der braunen Hülle umschlossen und dadurch geschützt.

Ganz vorsichtig berührst du einige Kätzchen. Sie sind ganz sanft und weich. Du schaust dir die Weide genauer an und erkennst, dass auch schon die Blätter langsam versuchen zu treiben.
Es kann nicht mehr lange dauern, bis die Weide wieder grün sein wird.

Etwas weiter neben der Weide steht ein Rosenstrauch. Von weitem sieht er noch grau-braun aus. Du gehst näher hin. Jetzt kannst du erkennen, dass auch die Rose angefangen hat, zu treiben. Du siehst kleine rot-grüne Spitzen, die wohl sich wohl demnächst als Blätter entfalten werden. Und auch andere, die wahrscheinlich als neue Zweige sprießen.

Du lächelst zu den Knopsen des Rosenstrauchs. Und sagst dir und der Rose, dass du dich schon auf ihre wunderschönen farbigen Blüten freust.

Du erinnerst dich an den Duft der Blüten. Diesen Duft hattest du letztes Jahr auch schon sehr geliebt.

Du gehst nun zum Gartenschrank und holst deinen Lieblingsgartenstuhl und auch eine schöne Fleecedecke heraus. Damit gehst du zu deinem Lieblingsplatz im Garten.

Dort stellst du den Stuhl hin und wickelst dich in deine Decke.
Du schließt die Augen. Du atmest die frische Frühlingsluft ein – und nimmst den Duft des Frühlings wahr.

Auf einmal vernimmst du auch das Gezwitscher von Vögeln.

[Pause]

Du öffnest in Gedanken die Augen und beobachtest die Vögel, die um dich herumfliegen und zwitschern.
Du überlegst, welche Gartenvögel dies wohl sind.

Du versuchst, dir alle Gefiederfarben einzuprägen. Später willst du nochmal im Gartenführer schauen, ob du mit deiner Vermutung recht hattest.

Dann stehst du gemächlich auf, räumst den Stuhl und die Decke wieder in den Schrank und gehst zurück.

Du schenkst dem Garten noch einmal einen langen Blick und drehst dich dann um.

Mensch und Welt Klasse 1/2

Ich – und Gott

Tipps und Anmerkungen zu dieser Fantasiereise:
In der folgenden Fantasiegeschichte geht es vor allem um Fragen des Vertrauen-Könnens und um die Zuversicht sowie Geborgenheit, welche Glauben vermitteln kann.
Bereiten Sie die Schüler*innen darauf vor, dass es am Anfang der Geschichte um ein unangenehmes Gefühl gehen wird – dass dies aber bald vorübergehen wird und dass dies nur eine Fantasiereise ist, auf die sie sich gerne einlassen können. Alle Kinder sind hier, im Klassenraum, an einem sicheren Ort!
Falls es manchen dennoch zu schwierig erscheinen sollte, sich darauf einzulassen, dürfen sie bei dieser Reise ausnahmsweise die Augen leicht öffnen und leise lauschen, bis sie sich wieder trauen, die Augen zu schließen.

Mögliche Arbeitsaufträge:
- Male ein Bild zu deinen Erfahrungen.
- Male ein Bild, das dein Herz und deine Umgebung am Anfang und zudem am Ende der Geschichte darstellt. Vielleicht ergänzt du noch Bilder der Dinge, die diesen Wandel beeinflusst haben?
- Zeichne eine Sammlung aus Personen, Tieren und Dingen, die dein Herz positiv stimmen und dich fröhlich machen.
- Falls die Kinder zudem negative Einflussfaktoren (z.B. in dunklen Farben) aufschreiben sollten, ist dabei immer die mögliche emotionale Tragweite zu beachten, ein geeigneter Umgang sollte gewährleistet sein. (Als Lehrkraft ist hier sensibel und behutsam vorzugehen.)
- Wie ist er dir auf deiner Reise ergangen?
- Was hast du gefühlt?
- Wie fühlst du dich jetzt?

Fantasiereise: Ich – und Gott

Du blinzelst. Irgendwie kannst du momentan nichts richtig erkennen. Alles ist dunkel. Es ist so, als wäre es Nacht und nirgends ein Licht. Du blinzelst noch einmal. Reibst dir in Gedanken die Augen. Aber auch dies ändert nichts.
Es fühlt sich kalt an. Aber es ist nicht einfach so kalt, wie wenn du im Winter deine Jacke vergessen hättest.
Es ist eine tiefere Kälte. So, als wäre dein Herz aus Eis. Der Atem ist auch gruselig kalt. Du fühlst dich wie versteinert. Du kannst dich nicht mehr bewegen. Zum Teil aus Angst, zum Teil aufgrund der Kälte in deinem Inneren.

[Pause]

Da hörst du, wie aus dem Nichts eine warme Stimme ertönt. Die Stimme klingt freundlich und stark zugleich.
Sie spricht:

„Ich habe dich bei deinem Namen gerufen.
Fürchte dich nicht, denn ich bin bei dir.
Du bist mein Kind und ich liebe dich.
Ich habe dich eingezeichnet in meine Hände."

Kaum sind diese Worte gesprochen, spürst du, wie das Eis in dir zu schmelzen beginnt. Es wird wärmer und wärmer. Die Kälte weicht aus deinem Körper. Eine angenehme Wärme breitet sich dort aus. Du fängst an, dich wohl zu fühlen.

[Pause]

Du versuchst, nichts zu denken und nur diese Wärme zu spüren. Wie Sonnenstrahlen fühlt sich diese Wärme an.

„Ich habe dich bei deinem Namen gerufen.
Fürchte dich nicht, denn ich bin bei dir."

Oh ja. Deine Angst ist verschwunden.
Du traust dich nun auch, erneut zu blinzeln.
Ganz vorsichtig gewöhnen sich deine Augen an das helle Licht überall um dich herum. Fröhlich, warm und funkelnd tanzen Lichttupfer förmlich um dich herum, in dein Inneres hinein.

Alles strahlt. Du öffnest die Augen komplett. Eine wundervolle Landschaft umgibt dich. Sie strahlt in wundervollen Farben. Es leuchtet überall.

Du schaust dich genau um. Nach und nach erkennst du immer mehr Details in wunderschönen Farben. Du hebst deinen Kopf. Am Himmel entdeckst du ein riesengroßes Herz, das in allen Farben des Regenbogens hell funkelt.

In diesem funkelnden Herzen siehst du zwei Hände. Sie sind leicht geöffnet und scheinen etwas ganz vorsichtig zu halten. Du schaust genauer hin. Die regenbogenfarbenen Hände halten ein Bild von dir. Schützend, fast streichelnd.
„Du bist mein Kind und ich liebe dich.
Ich habe dich eingezeichnet in meine Hände."

[Pause]

Es fühlt sich so gut an. Du bist Gottes Kind. Er liebt dich. Alles, was er macht, macht er für dich. Dir ist wohlig warm, rund um dich herum scheint es kunterbunt und strahlend. Du kannst dir gerade keinen schöneren Platz vorstellen.

[Pause]

Das Strahlen der Welt, der Landschaft, des Himmels, des Herzens, der Hände, des Bildes, die leuchtenden Farben.
Du spürst die Wärme in deinem Herzen, sie bewegt sich in deinem Körper, in deinem Geiste … All das macht dich überglücklich.
Du lächelst – dankbar. Denn du hast erkannt: GOTT hat gesprochen:

„Ich habe dich bei deinem Namen gerufen.
Fürchte dich nicht, denn ich bin bei dir.
Du bist mein Kind und ich liebe dich.
Ich habe dich eingezeichnet in meine Hände."

[Pause]

Selig schließt du die Augen und fühlst noch einmal die Wärme und das Licht.
Du bist glücklich und dankbar.

Mensch und Welt Klasse 3/4

Es ist doch nur ein Blatt Papier

Tipps und Anmerkungen zu dieser Fantasiereise:
Im gesamtgesellschaftlichen Kontext gewinnen die Wertschätzung erzeugter Waren und der Schutz der dafür nötigen Ressourcen eine immer größere Bedeutung. Die Realität zeigt allerdings, dass noch immer viele Schüler*innen – ausgehend von ihrem familiären Hintergrund – kaum oder nur wenig diesbezügliche Sensibilisierung erfahren. Umso wichtiger erscheint es, im Unterricht auf natürliche Ressourcen als wertvollen, zu bewahrenden Schatz einzugehen – gerade im Zusammenhang mit der Behandlung als „Schöpfung Gottes". Natürlich wäre es illusorisch zu denken, dass eine Fantasiereise hier gleich alles verändert. Jedoch kann die Fantasiereise das Unterrichtsthema „Schöpfung" abrunden und das Bewusstsein für Umweltschutz sowie Verantwortung für die Erde – für die uns anvertraute Schöpfung – verstärken.

Mögliche Arbeitsaufträge:
- Wie hat sich diese Reise für dich angefühlt? Hast du auch schon einmal ein Papier einfach weggeschmissen, weil es dir egal war?
- Male zwei Bilder: Auf dem ersten Bild soll ein wunderschöner, dichter Wald entstehen. Zeige auf dem zweiten Bild einen Wald, in dem bereits viele Bäume abgeholzt wurden.
- Welche Tiere leben in einem Wald?
  (Vielleicht können Schüler*innen auch einen Förster direkt dazu befragen?)
- Gestaltet Plakate für euer Klassenzimmer mit Regeln, wie ihr die Umwelt konkret schützen könnt – insbesondere an eurer Schule.
- Was bedeuten der „Blaue Engel" oder auch die Bezeichnung „recycelt" auf Papierblöcken und anderen Gegenständen? Wofür könnten diese angebracht sein? Ist so eine Kennzeichnung wichtig?
- Gehe in ein Geschäft und überprüfe die Preise von Blöcken aus verschiedenen Papieren. Finde heraus, wo diese Blöcke hergestellt wurden. Mache dir entsprechende Notizen. Wenn du im Geschäft die Erlaubnis dazu erhältst, kannst du auch Fotos davon aufnehmen und sie z.B. ausgedruckt mitbringen.
- (Nach entsprechender Anleitung durch Sie als Lehrkraft können Ihre Schüler*innen zudem selbst Papier herstellen (z.B. Büttenpapier). Die Papiere können die Kinder kunstvoll beschriften, z.B. mit Regeln, wie man weniger Papier verschwenden könnte.)

Fantasiereise: Es ist doch nur ein Blatt Papier

Du gehst eine Straße entlang. Es ist alles ruhig. Niemand ist zu sehen. Die Sonne scheint. Du hörst einige Vögel singen. Ganz gemütlich und entspannt schlenderst du die Straße entlang. Es fahren auch keine Autos. Fast ein wenig merkwürdig, so still ist es, aber schön.
Um dich herum siehst du ein paar Häuser.

Auf einmal wird ein kleines Fenster geöffnet.
Ein kleiner Junge erscheint am Fenster – er wirft einen
Papierflieger hinaus.

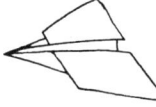

[Pause]

Dieser landet direkt vor deinen Füßen. Du überlegst, ob du ihn aufheben sollst. Dann denkst du dir allerdings: „Nö, ist doch nur ein Stück Papier."

In diesem Moment fängt es plötzlich an zu blitzen und zu donnern.
Du erschrickst kurz.
Und dann staunst du: Der Papierflieger fängt auf einmal an zu wachsen.
Er wächst und wächst und ist bald so groß wie ein echtes Flugzeug.
Mit großen Augen schaust du darauf.

[Pause]

Schon kommt eine Treppe herausgefahren.
Vorsichtig gehst du Stufe um Stufe hinauf und
nimmst Platz in dem Flugzeug.

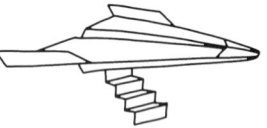

Eine Stimme aus dem Cockpit bittet dich, dich
anzuschnallen.
Dann hebt das Flugzeug ab.

Es ist ein beeindruckendes Gefühl für dich.
Die Straße, die Häuser, deine Stadt unter dir …
Alles wird immer kleiner.
Du genießt den Flug.
Du betrachtest die Landschaft, die du unter dir sehen kannst.
Du fühlst dich sicher und gut.

[Pause]

Die Stimme aus dem Cockpit spricht wieder zu dir.
Sie macht dich auf einen Wald unterhalb des Flugzeugs aufmerksam.
Ihr befindet euch offenbar über Skandinavien. Genauer gesagt: über Finnland.
Du siehst im Wald verschiedene gewaltige Fahrzeuge und Maschinen.
Neben ihnen fallen Bäume um.
Wie Streichhölzer kippt ein Baum nach dem anderen.

Du erfährst, dass diese Bäume gefällt werden, um
Papier zu produzieren. Im Wald dort unter dir, in
dem die vielen, vielen Bäume gefällt werden, leben
allerdings auch Tiere:
Braunbären und Luchse, aber auch Hasen und Vögel.
Und viele weitere Tiere.

[Pause]

Diesen Tieren nehmen diese Maschinen und Fahrzeuge ihre Lebenswelt.

Moment mal, denkst du: die Maschinen und Fahrzeuge?
Nein, wir Menschen! Es bedienen ja schließlich Menschen diese
Maschinen und sie fahren die Fahrzeuge.

Die Stimme berichtet weiter, dass auch in Kanada (bei den Grizzly-Bären),
in Südamerika (bei den Faultieren) und in Indonesien (bei den Orang-
Utans) riesige, teilweise uralte Bäume gefällt werden – und das sogar in
Schutzgebieten.

Wofür? Für billiges Papier.

Du siehst die Grizzlys, Faultiere und Orang-Utans
vor deinen Augen, wie sie aufgeregt immer weiter
vor diesen merkwürdigen „Baumfressern" zu fliehen
versuchen …
In einigen Gegenden leben sogar noch Urvölker, die
ebenso diesem Wahnsinn weichen müssen …
Aber nicht nur, dass die Bäume gefällt werden: Auch das für die Tiere
und Pflanzen – und ebenso für Menschen – so wichtige Wasser wird
verschmutzt. Motoröl und anderer Schmutz gelangen in die Gewässer
dort. Du siehst die ängstlichen, aufgescheuchten Tiere, die verschmutzten
Gewässer und die traurigen und auch die wütenden Menschen, die alle
ihre Heimat, ihr Zuhause verlieren. Du kannst ihre Gesichter sehen.

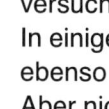

Du kannst Baumriesen erblicken, die zum Teil über 700 Jahre alt sind – und die nun einfach umfallen.

[Pause]

Die Stimme aus dem Cockpit fängt auf einmal an, auf merkwürdige Weise rhythmisch zu zählen: „Eins, Boum, eins, Boum, eins, Boum, eins, Boum …"

Du wunderst dich, was das soll. Da bekommst du auch schon die Antwort: Bei jedem „Boum" verschwindet ein Stück Wald – in der Größe eines Fußballfeldes. Moment mal – so groß wie ein Fußballfeld?
Ja, wie ein ganzes, großes Fußballfeld voller Bäume … und natürlich mit Tieren.
Du denkst noch etwas darüber nach.
Über das, was du gesehen hast.
Und über das, was du erzählt bekommen hast.

[Pause]

Plötzlich landet das Flugzeug.
Du hast gar nicht gemerkt, wie ihr wieder zurückgeflogen seid.
Auf die Straße, mit den Häusern. Dort, wo alles begonnen hatte.

Die Stimme bedankt sich bei dir.
„Danke, dass du mitgeflogen bist.
Danke, dass du dir das angeschaut und zugehört hast."
Und dann – du traust deinen Augen kaum – tritt tatsächlich eines der gefährdeten Tiere der Wälder aus dem Cockpit heraus!
Es weint. Ganz still und leise, aber du siehst die Tränen kullern.
Da gehst du hin und umarmst es.

[Pause]

In diesem Moment schrumpft der Papierflieger wieder.
Das Tier, das du eben noch umarmt hast, ist verschwunden.
Du hebst den Papierflieger auf.
Du nimmst ihn mit nach Hause.
Du weißt jetzt:
„Es ist NICHT nur ein Stück Papier!"

Mensch und Welt Klasse 3/4

Wie kommt die Ananas auf meine Crêpes?

Tipps und Anmerkungen zu dieser Fantasiereise:
Verantwortung für unsere Umwelt – ein mittlerweile viel diskutierter Themenkomplex. Was bedeutet es aber konkret, für Kinder in der Grundschule? Wie lässt sich dies im Religionsunterricht einbinden und umsetzen?
In dieser Fantasiereise geht es darum, eigene Verhaltensweisen zu überdenken und das Verantwortungsbewusstsein für die Umwelt zu verstärken.
Allgemein diskutierte Themen, wie etwa zum Klimawandel, lassen sich konkretisieren, indem z.B. die Frage aufgeworfen wird: „Muss es ein Erdbeerkuchen zu Weihnachten sein?" Die Lebensbedingungen von Menschen, welche importierte Produkte anbauen, ernten, herstellen und transportieren, können in den Fokus gelangen. Schüler*innen werden dahingehend sensibilisiert, dass „Fairtrade-Produkte" im weitesten Sinne zwar oftmals teurer sind als „herkömmliche" Produkte, dass in dem Prozess jedoch auch die Lebensumstände in den Herstellungsländern verbessert werden können. Durch „fair" gehandelte Waren soll eine möglichst „gerechte" Bezahlung gewährleistet werden. Auch dies erscheint als ein naheliegender Aspekt der Verantwortung für die Welt und die eigene Umwelt.

Mögliche Arbeitsaufträge:
- Suche mit Hilfen (Internet, Bibliothek, Eltern …) heraus, welche Fairtrade-Symbole es gibt.
- Suche in einem Supermarkt (oder einem ähnlichen Geschäft) im Schokoladenregal nach Fairtrade-Produkten. Vergleiche die Schokoladenpreise pro 100 g. Wie groß ist der Unterschied?
- Wäre es möglich, direkt bei einem Bauern in der Nähe einkaufen zu gehen? Wie wäre das für dich?
- Erkundigt euch über Kinderarbeit im Ausland. (Hier sind ggf. zusätzliche Unterstützung bzw. vorbereitetes Material durch die Lehrkraft nötig.)
- Was wäre, wenn du arbeiten müsstest und nicht zur Schule gehen könntest? Was würde sich für dich dadurch ändern?
- Bereitet einen leckeren Nachtisch / Kuchen mit Ananas vor und esst ihn gemeinsam.

Fantasiereise: Wie kommt die Ananas auf meine Crêpes?

Du sitzt in einem wunderschönen Café.
Um dich herum siehst du fröhliche Menschen. Sie essen, trinken und reden miteinander.

Es duftet nach frischem Kuchen, Kaffee, Tee, Sahne und…
… ja, was ist das bloß für ein besonderer Geruch?
Du überlegst. Es riecht wunderbar süß, aber nicht zu süß. Auch nach etwas Gebackenem … und nach Obst …? Ja, es ist leckeres, frisches Obst. Auch süß. Apfel? Nein. Banane? Nein. Erdbeeren? Nein … das ist es: Es riecht nach Ananas!

Die Bedienung geht mit einem Teller an dir vorbei: Darauf liegen Crêpes mit Ananas.

[Pause]

Mmh … Das ist lecker! Du bestellst das gleiche Gericht.
Ein Mann kommt an deinen Tisch. Er ist gut gebräunt. Vielleicht war er gerade in einem Urlaub gewesen?
Er sieht etwas anders aus. Seine Kleidung ist zumindest nicht so, wie die der anderen Gäste in dem Café.
Aber er lächelt freundlich und fragt dich höflich, ob er sich mit an deinen Tisch setzen darf.
Du überlegst kurz. Dann lädst du ihn ein, sich zu dir zu setzen.

Er bestellt ein einfaches Wasser.
Deine Crêpes kommen.
Sie duften fantastisch!
Der Mann lächelt.

[Pause]

Du schaust auf deinen Teller und fragst dich plötzlich:
„Woher kommt eigentlich die Ananas auf meinen Crêpes?"

Als hättest du die Frage laut ausgesprochen, fragt dich der Mann:
„Möchtest du das wirklich wissen?"
„Ja ...", antwortest du leise.
Daraufhin nimmt der Mann dich an die Hand und ...
ehe du blinzeln konntest,
bist du in einem tropischen Land.
Mitten auf einem Ananasfeld.

Es ist sehr warm. Die Sonne scheint.
Alles duftet ganz wunderbar.

Auf der einen Seite des Feldes
sind ein paar Männer dabei,
Ananasfrüchte zu ernten.
Mit großen scharfen Klingen
schneiden sie die Ananas von der Pflanze und legen sie vorsichtig in einen großen Korb.

Auf der anderen Seite pflanzen Frauen neue Ananaspflanzen in die Erde.
Du beobachtest alle eine ganze Weile.

Es ist keine einfache Arbeit. Doch keiner von ihnen schimpft oder beschwert sich. Jeder macht, was wohl seine Aufgabe ist.

Einer der Arbeiter, der auch Ananas erntet, hat seinen Korb gerade gefüllt und trägt ihn nun fort.

Ihr – dein Begleiter, also der Mann aus dem Café, und du – folgt ihm.
Er bringt die Ananas zu einem Gebäude.
Dort werden die Ananas also gewaschen.
Und anschließend in Kartons in einem Kühlcontainer gepackt.
„Für die Schiffsfahrt. Zwei Wochen wird dieser Transport dauern", erklärt dir dein Begleiter.

Den Menschen hier scheint es ganz gut zu gehen.
Sie haben Strom, weiter hinten erkennst du eine Schule und eine kleine Klinik. Vor den Gebäuden stehen einige Autos und sogar ein paar Taxis.

„Vor ein paar Jahren ging es uns nicht so gut.
Die Preise waren im Keller. Die Großhändler wollten kaum etwas bezahlen für unsere Früchte. Um dennoch genug zu verdienen, hätten wir mehr düngen und Gift gegen Schädlinge spritzen müssen.

Das machen viele andere Bauern. Sie brauchen das Geld dringend. Sie haben nichts anderes.
Durch das Gift werden viele schwer krank. Die Arbeit ist sehr anstrengend. Die Kinder müssen mit ihren Eltern auf den Feldern arbeiten. Die Familien haben kaum Geld, um in eine Klinik zu gehen, auch wenn das nötig wäre."

Du stellst dir diese armen Ananasbauern vor.
Flugzeuge, die Gift versprühen, noch während Menschen unten arbeiten …
Menschen, die krank sind, aber nicht zum Arzt gehen.
Kinder, die von klein auf ihren Eltern helfen.
Ananassprösslinge pflanzen, Ananasfrüchte ernten, Ananas waschen und verpacken.

Du hörst in dich rein: Wie fühlst du dich gerade?

[Pause]

„Warum ist das bei euch anders?", fragst du den Mann.

„Wir haben gute Verträge mit Händlern, die uns einen fairen Preis zahlen. Außerdem gelten diese Verträge mehrere Jahre, sodass wir planen können. So können wir auch die Schule bauen, die Kinder lernen lassen. Wir können zum Arzt in die Klinik gehen. Außerdem müssen wir keine schlimmen Gifte einsetzen."

„Das ist gut", sagst du leise.

„Es ist schon spät geworden", meint dein Begleiter und nimmt dich an die Hand.

Du schaust noch einmal auf die Schule mit den Kindern und der Lehrerin, die Klinik, die Autos und natürlich auf die Männer und Frauen auf dem Feld.

Du lächelst.
Und plötzlich bist du wieder in dem Café.

Vor dir auf dem Tisch: deine Crêpes mit den Ananasstücken.
Sie sind noch warm und duften verlockend.
Komisch. Du warst anscheinend nur kurz weg.
Du isst auf und bezahlst – und dann schläfst du nochmals kurz ein, mit einem Lächeln auf den Lippen.

Mensch und Welt

Klasse 3/4

Ein Sommertag am Maar

Tipps und Anmerkungen zu dieser Fantasiereise:
In dieser Fantasiegeschichte geht es um die Schöpfung Gottes – im Fokus steht dabei der Aspekt „Ewigkeit": Hierzu werden erdgeschichtliche Veränderungen aufgegriffen und thematisiert. Wie lassen sich solche Entwicklungen im Kontext der „Entstehung der Welt" begreifen?
In diesem Zusammenhang bietet es sich an, bestimmte Vorstellungen zur Genesis kritisch zu reflektieren sowie darüber nachzudenken, was sich hinter anderen Entstehungstheorien verbürgen könnte. Wie wortgetreu sollten beispielsweise die „sieben Tage" der Schöpfungsgeschichte ausgelegt werden?
Bei aller Kraft und Universalität der Natur ist es laut der Schöpfungsgeschichte schließlich der Mensch, der nach Gottes Ebenbild erschaffen wurde. Was bedeutet das? Die Lernenden werden mit der Fantasiegeschichte zur Wahrnehmung natürlicher Phänomene sensibilisiert. Stilleübungen zu den Themen Wald, Wiese oder auch zum Burgenleben können die Fantasiereise im Vorfeld unterstützen.

Mögliche Arbeitsaufträge:
- Male ein Bild zu deiner Fantasiereise.
- Male eine Karte des Weges von der Burg zum Maar unten.
- Gestalte ein Informationsplakat zum Maar.
- Die Natur hat sich schon seit so vielen Jahren unfassbar schön entwickelt. Was sollte bzw. was kann alles dafür getan werden, dass sie in dieser Vielfalt erhalten bleibt?
- Schreibe einen Steckbrief zu einem Tier aus der Fantasiereise.
- Welche Tiere sind in der Fantasiereise vorgekommen? Welche hätten aus deiner Sicht noch vorkommen können?
- Wie würdest du einen Tag am Maar gestalten? Wen würdest du dazu mitnehmen?
- Wie hast du dich auf der Burg gefühlt?
- Wie mag es wohl früher auf der Burg gewesen sein? Hättest du gerne dort gelebt? Warum? Begründe deine Meinung.
- Bereitet verschiedene Gerichte vor, die man zu unterschiedlichen Epochen des Vulkans verzehrt haben könnte. Genießt gemeinsam euer Büfett.

Fantasiereise: Ein Sommertag am Maar

Du befindest dich auf einer Wiese. Eine wunderschöne, grüne Wiese mit Gänseblümchen. Es ist Sommer. Die Sonne scheint. Angenehm warm ist dir. Du ziehst deine Schuhe aus und gehst barfuß ein Stück über die Wiese, einen leichten Hügel hinauf. Dort steht eine Burgruine.
Diese wird von einer Mauer umgrenzt.
In der Mitte der Mauer befindet sich ein Brunnen.
Du kletterst das Brunnenmäuerchen hoch und schaust vorsichtig hinein.
Es geht dort gar nicht so tief hinunter, wie du zunächst dachtest.
Der Brunnenschacht ist mit Sand gefüllt.
Wie tief er wohl früher einmal war?

Du hüpfst vom Brunnenrand und läufst zu der großen Ruinenmauer mit den sechs großen Fenstern. Besser gesagt: Den sechs großen Löchern in der Mauer, in denen früher einmal Fenster gewesen waren.
Du kletterst auf einen kleinen Vorsprung und kannst so durch das Fenster nach unten schauen. Du siehst viele Bäume, die an einem Hang wachsen. Hinter der Burg geht es demnach ganz schön steil bergab, dicht bewaldet ist der Hang. Du hörst Vögel singen. Ab und zu siehst du sogar einen in den Bäumen.

Plötzlich hörst du Vogelstimmen, die eigentlich gar nicht in einen Wald passen – Entengeschnatter! Welche Ente lebt denn in diesem Wald? Das kann doch nicht sein! Du schaust, ob du die Enten irgendwo entdeckst. Aber nichts ist zu sehen.

[Pause]

Neugierig springst du vom Fenstervorsprung, läufst an der Mauer entlang und findest einen Weg, der in den Wald führt.
Der Weg schlängelt sich den Hang hinunter.
Du folgst dem Weg, der in all seinen Längen und Kurven durch den kühlen Wald führt, bis du unten zu einem Gewässer kommst.
Dort entdeckst du endlich die Enten, deren Schnattern du oben schon gehört hattest. Munter schwimmen, putzen und gründeln sie. Du schaust ihnen eine Weile zu.

[Pause]

Du schlenderst ein wenig am Ufer entlang und kommst zu einer Tafel. Dort liest du:

Ulmener Maar:
Länge: 510 m,
Breite: 250 m,
Umfang: 900 m,
maximale Tiefe: 37 m,
ca. 10 000 Jahre alt

Über 10 000 Jahre …?
Wie lange ist das eigentlich?
Nehmen wir an, deine Oma wäre 50 Jahre alt
… und alle Omas wären 50 Jahre alt, bevor sie Omas wurden … dann wären das 200 Omas, zusammen mit deiner, … also die Oma der Oma der Oma der Oma der Oma … und das 199-mal vor deiner Oma. Das kann man sich eigentlich gar nicht vorstellen.
Zu dieser Zeit, also vor ca. 10 000 Jahren, ist in diesem Gebiet ein Vulkan ausgebrochen. Sein Krater bildet nun den Hügel, den du vorhin heruntergelaufen bist, bis zum Boden des Maares.
Das Maar ist also der zum Teil mit Wasser gefüllte Krater eines Vulkans. Soooo alt. So eine Geschichte!
Und 37 m tief … das sind mehr als zwölf Drei-Meter-Sprungbretter aus dem Schwimmbad übereinandergestellt – bzw. in die Tiefe gedacht.
Du gehst nun weiter um das Maar herum.

[Pause]

Im Wasser kannst du kleine Fischschwärme entdecken. Eine Entenfamilie schwimmt zum Schilf, die Küken hinterdrein.

[Pause]

Du gehst am Ufer entlang. In der Mitte des Maares entdeckst du eine Familie in einem Ruderboot.

[Pause]

Die Sonne spiegelt auf der Wasseroberfläche. Ihre Strahlen tanzen regelrecht. Du beobachtest diesen Tanz eine Weile.
Dann kommst du wieder an die Stelle mit dem Schild.
Du folgst dem Weg, der sich hinaufschlängelt, bis zur Burg.
Du schaust noch einmal durch das Fenster.
Jetzt erkennst du auch durch die Bäume hindurch das Maar.
Du gehst zurück zur Wiese mit den Gänseblümchen, pflückst eines und riechst daran.

Jesus Christus

Klasse 1/2

Zeit und Umwelt Jesu

Tipps und Anmerkungen zu dieser Fantasiereise:

Die „Zeit und Umwelt Jesu" stellt im Religionsunterricht ein umfassendes und vielseitig gestaltbares Thema dar. Aktuelle Erkenntnisse haben das Bild der damaligen Zeit und des Lebens Jesu verändert.

Die entsprechenden Lebensumstände und damaligen Herausforderungen wirken komplex – was nicht nur Israel betrifft. Anstehende Themen, wie z.B. „Besetzung", „Flucht", „Hoffnungslosigkeit" und auch „Götzen-Verehrung", lassen sich auch auf das heutige Leben übertragen.

Entsprechend bedeutsam erscheint es, ein möglichst realistisches Bild der damaligen Zeit zu vermitteln. So lassen sich Parallelen, aber auch Unterschiede diskutieren. Die Kinder gewinnen Verständnis für andere Kulturen und können eigene Zufriedenheit erfahren.

Mögliche Arbeitsaufträge:
- Male eine Situation aus deiner Reise. Begründe, warum du dir gerade diese Szene ausgesucht hast.
- Welchen Beruf hättest du damals gerne ausgeübt? Warum?
- Wie hast du dich auf deiner Reise gefühlt? Gab es besondere Momente für dich? Welche waren besonders schön – oder auch besonders furchtbar?
- Was würden sich wohl der Esel aus der Geschichte und seine Ziegenfreundin, die zu Hause auf ihn gewartet hat, über diesen Tag erzählen?
- Male ein typisches Haus der damaligen Zeit. Ergänze es mit möglichst vielen Gegenständen, Personen und Tieren.
- Baut ein typisches Haus der damaligen Zeit mithilfe von Schuhkartons und Pappe.
- Teilt die verschiedenen Szenen auf. Gestaltet ein Plakat dazu.
  (Hier benötigt es entsprechende Vorbereitung bzw. Unterstützung durch Sie als Lehrkraft.)

Fantasiereise: Zeit und Umwelt Jesu

Du spürst, wie dich die Sonne am Himmel wärmt. Ihre Strahlen streicheln über deine Haut. Es fühlt sich an, als würde sie dich in eine wärmende Decke aus Sonnenstrahlen einhüllen. So wie du dich manchmal in deine Bettdecke kuschelst.

Eingehüllt in diese Decke aus Sonnenstrahlen spazierst du durch eine Landschaft.
Es ist eine Landschaft mit vielen kleinen und ein paar größeren Hügeln.
Eine trockene Landschaft. Teilweise ist es sogar sehr sandig und staubig.
Aber dann gibt es auch wieder Stellen, an denen Gras wächst.
An einer dieser Stellen entdeckst du einen Schäfer, der auf seine Schafe aufpasst. Ein Hütehund hilft ihm dabei.
Es ist eine kleine Herde. In Gedanken zählst du die Schafe.
Auch ein paar Lämmer sind dabei.

Ein wenig weiter siehst du zwei Bauern auf ihrem Feld. Es ist ein sandiges Feld.
Der eine Bauer geht hinter zwei Rindern her. Die Rinder ziehen einen Pflug. So zieht der Bauer mit dem Rindergespann nach und nach eine Furche neben der anderen in den trockenen Feldboden.
Ein Stück hinter ihnen geht der zweite Bauer.
Er hat einen Beutel um den Körper gebunden. Immer wieder greift er hinein, holt etwas heraus und streut es in die Rillen bzw. Erdfurchen, die der erste Bauer mit den beiden Rindern und dem Pflug kurz vor ihm gezogen hat.
Er streut Samen ins Feld. Was wohl aus dem Saatgut einmal wird?
Vielleicht wachsen daraus Bohnen? Oder Getreide? Oder Linsen? Oder vielleicht auch etwas ganz anderes … Du beobachtest die Bauern mit ihrem Gespann noch eine Weile bei ihrer Feldarbeit.

Dann schaust du dich weiter um. Du entdeckst zwei Männer, die mit langen Stöcken auf Bäume schlagen. Das ist vielleicht merkwürdig! Du siehst genauer hin … Sie schlagen tatsächlich mit den Stöcken auf die Äste der Bäume. Gespannt beobachtest du ihr Tun.
Nach einer Weile legen sie ihre Stöcke zur Seite und heben Tücher an, die unter den Baumkronen gelegen haben.

In den Tüchern sind Oliven, viele dunkle Oliven. Die Männer heben die Tücher so auf, dass sie die Oliven in ihnen bis zu einem Esel tragen können. Der Esel ist an einem Baum festgebunden. Auf seinem Rücken ist ein einfacher Sattel mit zwei Körben rechts und links befestigt. In diese Körbe schütten die Männer den kostbaren Inhalt ihrer Tücher. Das machen sie so lange, bis die Körbe komplett mit den Oliven gefüllt sind.

Dann nehmen sie ihre Stöcke und ziehen mit ihrem Esel los. Ihre Stöcke nutzen sie dabei als Wanderstöcke. Nach der anstrengenden Arbeit tut es ihnen gut, sich beim Laufen ein wenig abzustützen.
Du schaust den Dreien nach.

Da entdeckst du in der Ferne auch schon, wohin sie wohl gehen werden. Denn ganz hinten tauchen die hellen Gebäude einer kleinen Ortschaft auf.
Es sind mehrere Häuser. Bestimmt aus Stein, Stroh und Lehm gebaut.
Von hier aus wirken sie wie weiß angestrichen.
Sie haben die typischen flachen, vielseitig nutzbaren Dächer.
Die Anwohner trocknen dort ihre Wäsche, aber auch manches Obst und Gemüse.
In den Nächten schlafen sie dort auch, wenn es in den Häusern noch zu warm ist. Die Kinder können auf den Dächern Brettspiele spielen.
Auf einigen Dächern siehst du Menschen … du musst dich allerdings etwas anstrengen, um zu erkennen, was sie gerade machen.
Du beobachtest sie eine Zeitlang.

Dann siehst du, wie auch die beiden Männer mit dem Esel und den Oliven im Dorf ankommen.

Langsam wird es Zeit für dich, umzukehren.
Du schaust dir noch einmal das Dorf an, den Platz mit den Bäumen, wo die Männer vorhin die reifen Oliven geerntet haben.
Das Feld mit den Bauern und den Rindern. Auch sie scheinen nun fertig zu sein mit ihrer Arbeit.

Auch der Schäfer hat bereits ein Lagerfeuer entfacht. Er sitzt mit seinem Hund auf einem Stein in der Nähe des Feuers.
Seine Schafe liegen etwas verteilt um die beiden herum.

Die Sonne scheint nur noch schwach, bestimmt geht sie bald unter. Es ist längst nicht mehr so heiß wie vorhin.
Du wartest noch auf den Sonnenuntergang, der die Landschaft in ein orange-rotes Licht taucht, dann gehst auch du zurück.

Jesus Christus

Klasse 1/2

Jesus erzählt

Tipps und Anmerkungen zu dieser Fantasiereise:
Als zentrale Figur des Neuen Testaments und der Botschaft Gottes erscheint es selbstverständlich, dass Jesus eine besondere Rolle im Religionsunterricht spielen muss. Wichtig ist dabei, die unterschiedlichen Vorstellungen, welche die Schüler*innen bereits in den Unterricht mitbringen, mit aufzugreifen:
Kinder haben oftmals von kirchlichen Ansichten deutlich abweichende Vorstellungen von der Figur Jesu entwickelt. Mit diesen Ideen ist unbedingt sensibel umzugehen.
Für eine persönliche Bindung und tiefgehende Beziehung stellt die Idee von Jesu einen der wichtigsten Schwerpunkte des Glaubens dar.
Dass Jesus laut Erzählungen besonders gerne Kinder in seinem Umfeld aufnahm, um ihnen von Gott zu erzählen, bildet den Ausgangspunkt der Fantasiereise.

Mögliche Arbeitsaufträge:
- Pflanzt verschiedene Samen in Blumentöpfe ein und pflegt sie. Beobachtet, wie sie wachsen. Gibt es Unterschiede in der Geschwindigkeit des Wachstums? Gibt es Größenunterschiede?
- Hast du schon einmal Senfkörner gekostet? Wer möchte, darf einmal probieren. Für die anderen Kinder gibt es Sonnenblumenkerne. Wie schmecken die Körner?
  (Stellen Sie als Lehrkraft entsprechende Senfkörner bzw. Sonnenblumenkerne zur Verfügung.)
- Male ein Bild, wie du Jesus in deiner Reise gesehen hast.
- Stellt die Szene nach, in der Jesus den Menschen erzählt.
  (Bei entsprechender Einwilligung können Sie ein Foto der Szene aufnehmen und anschließend präsentieren.)
- Wie hast du dich in der Menschenmenge gefühlt?
- Wie haben sich die Menschen damals vermutlich gefühlt? Diskutiert darüber gemeinsam.

Fantasiereise: Jesus erzählt

Du befindest dich mitten in einem Dorf zur Zeit Jesu. Um dich herum siehst du flache Lehmhäuser. Tiere laufen herum. Ein Brunnen im Dorf ist mit Wasser gefüllt. Ein großer Baum spendet ihm Schatten.

Aber etwas scheint eigenartig … es sind kaum Menschen zu sehen.
Plötzlich rennen zwei aufgeregte Kinder an dir vorbei. Sie sehen fröhlich aus.
Du rufst ihnen hinterher, doch sie sind schon um das nächste Haus abgebogen. Neugierig läufst du hinterher.

Als du dem Weg hinter dem Haus folgst, siehst du, dass dieser auf einen kleinen Hügel führt. Dort oben sind viele Menschen.
Du versuchst, zu erkennen, wohin sie blicken …
Aber du siehst nur Rücken und Beine von hinten.
Eine Mauer aus Menschen bildet sich vor dir.
Du probiert es etwas weiter rechts … nichts zu machen …
Du probierst es etwas weiter links … wieder nichts zu machen.
Doch du willst jetzt auch endlich wissen, was es da zu sehen gibt!

[Pause]

So schiebst du dich schließlich durch die Menschenmenge hindurch.
Du zwängst dich durch die Beine der Erwachsenen, einen nach dem anderen.
Vorne angekommen, entdeckst du auch die beiden Kinder von vorhin.
Sie sitzen vor einem Mann auf dem Boden. Zusammen mit anderen Kindern lauschen sie gespannt, was der Mann erzählt.
Vorsichtig und leise setzt du dich zu ihnen.

Der Mann wird gerade von einer Person aus der Menge gefragt:
„Womit vergleichst DU das Reich Gottes?"

Der Mann, um den alle versammelt sind, antwortet:
„Ich will euch eine Geschichte erzählen."
Du magst Geschichten sehr gerne und schließt die Augen, um dir alles besser vorstellen zu können.
„Ein Mann säte auf seinem Acker verschiedene Samen. Dicke Samen, dünne Samen, große Samen und noch viel größere Samen.

Unter den verschiedenen Samen gab aber auch ganz kleine Samen.
Das kleinste Samenkorn war ein Senfkorn.
Dieses Senfkorn war so klein, dass man es kaum sehen konnte.
Alle Samen fingen im Boden an zu wachsen.
Eines fiel aber besonders auf: Das Senfkorn trieb besonders üppig
und schnell aus, es wuchs und wuchs, wurde größer als alle anderen
Samenkörner und schließlich wurde es zu einem Baum. Einem Baum mit
großen, starken Ästen.
Aus diesen Ästen formten sich viele dicke, aber auch dünne Zweige mit
wundervollen Blättern.
Es wuchs zu einem solch schönen Baum, dass die Vögel des Himmels zu
ihm flogen und in seiner Krone ihre Nester bauten.
Ebenso verhält es sich mit dem Reich Gottes."

Im Zuhörerkreis wurde es ganz still.
Alle hatten der Geschichte zugehört, genauso wie du.

[Pause]

Nach einer Weile erzählt er noch weitere Geschichten
… doch du hörst jetzt nicht mehr so genau hin.
Du kannst dich nicht richtig konzentrieren,
denn du überlegst, wie diese Erzählungen noch mal heißen …
Dann fällt es dir wieder ein:
Gleichnisse. Gleichnisse – da sie etwas erklären sollen.
Etwas ist vergleichbar mit etwas anderem, das wir schon kennen.

Du weißt nun, wie ein Senfkorn wachsen kann.
Natürlich weißt du auch, dass es nicht wirklich zu einem Baum wird … nicht
normalerweise. Aber darum geht es ja auch nicht.

Erinnere dich noch einmal an diesen Baum.
An diesen wunderschönen, großen Baum, in dem die Vögel nisten.
Was bedeutet es, wenn Vögel nisten?

Es entsteht neues Leben: Sie ziehen Junge auf, die irgendwann erwachsen
werden und dann auch wieder nisten und so weiter.
Viele verschiedene Vögel fühlen sich dort so sicher und so wohl, dass sie
dort ihre Eier ausbrüten und Jungen aufziehen.
Wenn Vögel in einem Baum leben, dann wird darin auch gezwitschert und
gesungen. Es ist ein lebendiger, fröhlicher Ort.
Siehst du diesen wundervollen Baum, mit seinen vielen schönen, grünen
Blättern und den vielen verschiedenen Vögeln, die ihre Lieder singen?

[Pause]

Und Jesus sagt:
„Im Reich Gottes kann das kleinste Senfkorn der schönste und lebendigste Baum werden."

Es geht darum, zu säen, zu wachsen, groß zu werden und Platz für die liebevolle Botschaft Gottes zu bieten.
Wie wäre wohl eine Welt, in der sich alle zu solchen Bäumen entwickelten?
Eine Welt, in der die vielen Vögel überall so sicher wären, dass sie ihre Küken aufziehen und überall wunderschön singen?
Stelle dir einen Moment lang eine solche Welt vor.
Wäre das auch für dich das Reich Gottes?

[Pause]

Du merkst auf einmal, dass es schon langsam dunkel um dich herum wird.
Die Menschen sind schon teilweise in ihre Häuser zurückgekehrt.

Nur noch wenige stehen dort auf dem Hügel.
Ein Mann lädt Jesus gerade zu sich nach Hause ein.
Jesus soll als sein Gast bei ihm essen und in Ruhe schlafen.

Sie wollen schon aufbrechen.
Da dreht sich Jesus noch einmal zu dir um.
Eure Blicke treffen sich.
Du kannst nicht anders … Als Jesus seine Arme für dich öffnet, rennst du zu ihm hin und ihr umarmt euch.
Er hält dich fest und sicher und sagt zu dir ganz leise:

„Vergiss nie, wie das kleine Senfkorn zu einem wunderschönen Baum wurde, der vielen Vögeln ein Zuhause gibt."

[Pause]

Er küsst dich väterlich auf die Stirn und geht.
Obwohl es dunkel wird, fühlst du dich warm und geborgen.
Du kommst zurück zu der Stelle im Dorf, vom Anfang deiner Reise.
Du spürst noch einmal allem nach, was du gehört, gesehen und gefühlt hast.

Jesus Christus

Klasse 3/4

Jesus und die gekrümmte Frau

Tipps und Anmerkungen zu dieser Fantasiereise:
Jesu Wunder sind zentraler Bestandteil der Botschaft Gottes im Neuen Testament. Eine der bekanntesten Wundergeschichten ist die Heilung einer Frau am Sabbat, besser bekannt als die „Heilung der gekrümmten Frau".
Dieses Wunder bietet sich für Kinder besonders an, da sich die verschiedenen Haltungspositionen sehr gut nachstellen und somit auch nachempfinden lassen. Die Diskussion bzgl. der Bedeutung des Sabbats könnte thematisiert werden, ggf. ließe sich eine solche Szene sogar weiter ausführen. Die weitere Vertiefung und Ausgestaltung obliegt Ihrer persönlichen Einschätzung der jeweiligen Gruppe sowie der thematischen Schwerpunktsetzung. Ein Vergleich zum „normalerweise arbeitsfreien Sonntag" oder dem muslimischen Freitag kann ebenfalls interreligiös entwickelt werden. Im Fokus dieser Fantasiereise liegen jedoch vor allem die Empathie mit dem Schicksal der gekrümmten Frau und der anschließenden Erlösung vom Leid.

Mögliche Arbeitsaufträge:
- Geht durch den Klassenraum bzw. über den Schulhof – und zwar so, wie die gekrümmte Frau zu Beginn: Bewegt euch niedergedrückt, als ob ihr eine Last auf den Schultern spürtet, die euch fast zu Boden zwingt. Eine Person spielt den „Erlöser" und tippt ein Kind nach dem anderen vorsichtig auf die Schultern. Nachdem ihr berührt worden seid, geht ihr aufrecht umher.
- Was verändert sich? Wie habt ihr euch vorher gefühlt, wie fühlt ihr euch mit aufrechter Haltung? Was lässt sich im Vorfeld und nach der Berührung alles erkennen?
- Gestaltet ein Plakat, auf dem ihr festhaltet, was an arbeitsfreien Feiertagen alles getan werden dürfte und was nicht.
- Sammelt Begriffe, die beschreiben, wie es der Frau vorher und nach ihrer Heilung ging.
- Warum hat Jesus die Frau geheilt, obwohl es am Sabbat verboten war?

Fantasiereise: Jesus und die gekrümmte Frau

Es ist warm. Um dich herum kannst du die trockene, warme Luft spüren, riechen … und fühlen.
Es ist Samstag.
Du bist in einer Synagoge. Sie ist klein und eher unscheinbar.
Die Menschen um dich herum sind einfach gekleidet.
Die meisten von ihnen tragen schlichte Umhänge mit einem Gürtel. Ein paar Leute haben Kleidung aus etwas feineren Stoffen.
Du kennst diese Art von Kleidung.
Im Religionsunterricht hast du diese gesehen, als ihr über die Zeit und Umwelt Jesu gesprochen hattet.
Zu deinem großen Glück verstehst du, was die Menschen sprechen.
In der Synagoge findet ein Gottesdienst statt.
Natürlich ein jüdischer Gottesdienst.
Du hörst den Sprechgesang und beobachtest die Menschen.

[Pause]

Auf einmal geht die Tür auf.
Erst erkennst du gar nichts, da dich das Licht so blendet.
Doch langsam gewöhnen sich deine Augen daran.
Du siehst eine Gestalt, die ganz langsam und unsicher in die Synagoge schleicht.
Ein Schritt nach dem anderen.
Langsam und unsicher.
Langsam und gebeugt.
Ganz krumm ist diese Gestalt.
Erst jetzt kannst du erkennen, dass es eine ältere Frau ist.
Sie ist so gekrümmt, wie du es noch nie gesehen hast.

[Pause]

Du fängst an, dich wie sie zu fühlen.
Du spürst bereits, wie krumm dein Rücken ist.
Der Kopf hängt schwer wie ein Stein herunter.
Deine Schultern sind ebenso schwer.
Es fühlt sich an, als hättest du an jeder Schulter ganz schwere Gewichte hängen.
So schwere Gewichte, wie ein großer, dicker Autoreifen.
Dein Rücken tut weh.
Du möchtest so gerne deinen Kopf heben.

Es geht nicht.
Du möchtest deine Schultern heben.
Aber auch diese bleiben unten, als würden sie von einer Kraft heruntergezogen.

[Pause]

Wie fühlst du dich in dieser Haltung?
Wie fühlst du dich, als es dir nicht gelingt, aus dieser Position herauszukommen?
Was kannst du aus dieser Position überhaupt sehen?

Du merkst, dass du in dieser Haltung nur auf den Boden schauen kannst.
Wenn du dich enorm anstrengst, kannst du deine Augen zur Seite drehen, aber das schmerzt schon fast.
Und doch lässt sich so nur weniges sehen.
Überall nur Füße in Sandalen.
Und Steine. Und Boden.
Ach je. Es ist so anstrengend.
Du hörst Menschen reden.
Aber ihre Gesichter siehst du nicht.
Sie reden miteinander. Sie reden über dich hinweg. Sie reden nur nicht mit dir. Du kannst sie nicht ganz sehen. Nur ihre Füße, ihre Schuhe und die Kleidung unten.

Wie fühlst du dich dabei?

Du hast Tränen in den Augen.
Du kannst nicht, so wie alle anderen, herumlaufen, Spaß haben, in die Gesichter der Menschen blicken.
Du fühlst dich allein. Die anderen interessieren sich nicht für dich.
Das macht dich tief traurig.
Die Schultern und der Kopf wirken noch viel schwerer.

Da spürst du eine Hand auf deiner Schulter.
Sanft. Freundlich.
Und zugleich stark. Zuversichtlich.
Und ein Mann beugt sich zu dir.
Er schaut dich an und sagt:
„Du bist erlöst von deiner Krankheit."

[Pause]

Als hätte jemand das Licht im Dunklen angemacht, spürst du augenblicklich, dass deine Schultern leicht werden.
Kein Gewicht mehr an den Schultern, das sie herunterzieht.
Und auch dein Kopf wird leicht und locker.
Du kannst dich aufrichten.
Ganz langsam und vorsichtig.
Nicht, weil es weh tut.
Nein, du kannst es einfach noch nicht ganz glauben.
Du richtest dich endlich ganz auf.
Dein Rücken ist wieder gestreckt.
Dein Kopf ist der höchste Punkt deines Köpers.

[Pause]

Du schaust direkt vor dir in ein freundliches Gesicht.
Ein Mann. Vielleicht etwa 30 Jahre alt.
Er schaut dich an und nickt dir zu.

Es ist der Mann, der dir die Hand auf die Schulter gelegt und gesagt hat:
„Du bist erlöst von deiner Krankheit."

Du fühlst dich so groß, wie schon lange nicht mehr.
Du fühlst dich leicht, zum Schweben leicht.
Du kannst dich in der Synagoge umschauen und blickst in verschiedene Gesichter.

Viele haben erstaunte, große Augen.
Einige lächeln freundlich.
Aber ein paar zeigen auch zusammengekniffene Augenlider und haben einen wütenden Blick.

[Pause]

Es stört sie, dass er dir am Sabbat geholfen hat.
Samstag ist Ruhetag!
Da betet man in der Synagoge nur.
So etwas macht man doch nicht!

Du aber bist sooooo glücklich und erleichtert.
Endlich kannst du wieder gerade stehen.
Und gehen.
Du bist endlich wieder so wie alle anderen.
Du wendest deinen Blick zur Seite.

[Pause]

Direkt neben dir siehst du die alte Frau.
Vorhin stand sie genauso gekrümmt, wie du es gefühlt hast.
18 Jahre lang war sie nun schon so gekrümmt …
gewesen.
Denn auch sie steht nun aufrecht.
Ganz gerade.

Sie weint vor Glück.
Sie lobt, dankt und preist Gott.
Sie ist Gott so dankbar, dass sie jetzt
endlich von ihrem Leid erlöst wurde.

18 Jahre! So eine lange Zeit hatte sie
gelitten.
Jetzt ist sie glücklich und dankbar.
Sie strahlt über das ganze Gesicht.

Der Mann sprach zu denen, die wütend waren, dass sich jeder am Sabbat
doch auch um seine Tiere kümmert, damit sie trinken und fressen können.
Warum also sollte an einem solchen Tag nicht einem Mitmenschen
geholfen werden, der so lange leidet?

[Pause]

Da schämten sich die anderen, da sie erkannten, dass er recht hatte.
Alle freuten sich nun mit der Frau, zusammen mit dir und dem Mann.

[Pause]

Du fühlst dich wohl und glücklich.
Du umarmst den Mann und dankst ihm noch einmal.
Du umarmst die Frau.
Groß, aufgerichtet und herzensleicht verlässt du die Synagoge und bist
wieder in der Sonne, die dich zusätzlich wärmt.

Du spürst die Wärme der Sonnenstrahlen.
Lächelnd erinnerst du dich noch einmal an alles, was du erlebt hast.

Jesus Christus

Klasse 3/4

Was für eine Hochzeit!

Tipps und Anmerkungen zu dieser Fantasiereise:
Diese Reise geleitet die Kinder zu einer Szenerie, in der sie ein Wunder Jesu „miterleben". Es vermittelt ihnen die Atmosphäre einer Hochzeitszeremonie zur damaligen Zeit und lässt sie in diese Welt eintauchen.
Eingebettet in die damaligen Lebensumstände bzw. eine entsprechende Szenerie, werden die Lernenden zu „Zeugen" eines Wunders, sie können hiermit etwas über die Kraft Jesu erfahren. Es geht hier vor allem um das Wirken Jesu in seiner Zeit – und damit um das Wirken Gottes und seine Kraft, Wunder zu vollbringen.

Mögliche Arbeitsaufträge:
- Was ist das Besondere dieser Hochzeit? Was ist dir aufgefallen und in Erinnerung geblieben?
- Wie sehen Hochzeiten aus, welche du kennst? Warst du vielleicht schon einmal selbst Gast auf einer Hochzeit?
- Wie hast du die Situation auf deiner Reise erlebt? Was hat dich beeindruckt? Hat dir etwas gar nicht gefallen?
- Wenn du einen Gegenstand oder Umstand der heutigen Zeit mit in die Vergangenheit, in die Zeit Jesu, mitnehmen könntest – was wäre das? Warum?
- Warum wurden Hochzeiten damals und warum werden sie heute so groß gefeiert?
- Möchtest du auch einmal so heiraten? Falls nicht in dieser Weise: Was würdest du dir anders wünschen?
- Überlegt euch, welche Gerichte wohl alles auf der Tafel standen. Sucht Rezepte heraus und bereitet zusammen ein feierliches (Hochzeits-)Büfett vor. Genießt es anschließend gemeinsam.

Fantasiereise: Was für eine Hochzeit!

Du befindest dich in einem Ort in Galiläa – zur Zeit Jesu.
Letzte Sonnenstrahlen tauchen die Gegend in ein warmes Licht,
die Abenddämmerung umhüllt den Ort nach und
nach in dunkler werdendes Blau.
Aber nur wenige Menschen sind in ihren Häusern,
diesen Lehmhäusern mit Flachdach.
Nein, es zieht ein Fackelzug durch den Ort. Du schließt dich diesem
Fackelzug an. Ihr geht durch die Straßen und kleinen Gassen.
Es ist wundervoll.
Die Fackeln bestehen aus einem Stock, der oben mit einem Lappen
umwickelt ist. Ab und an werden diese Fackeln in einen Eimer getunkt und
wieder angezündet.
Die Menschen scheinen sehr aufgeregt zu sein.
Vor einem Haus bleiben sie stehen.
Dort wartet bereits eine Familie.
Eine verschleierte Frau fällt dir auf, sie ist sehr schön
geschmückt. Ein älterer Mann küsst sie auf die Stirn.
Begleitet von zehn weiteren, weiß gekleideten, jungen
Frauen wird die verschleierte Frau vom Fackelzug
empfangen. Schließlich zieht der Zug wieder zurück.

Es wird dabei gesungen und getanzt. Alle sind fröhlich.
Auch du lachst und tanzt mit. Es ist völlig egal, wie du tanzt. Alle tanzen.
Keiner macht da Unterschiede zwischen guten und schlechteren Tänzern.
Alle dürfen sich bewegen, wie sie es gerade wollen. Auch dir macht es
Spaß, so mitzutanzen und zu feiern.

[Pause]

An einem anderen Haus angekommen, übergeben die zehn jungen Frauen
die verschleierte Frau einem jungen Mann, der dort vor der Türe wartet.
Danach löst sich die Gruppe zunächst auf.
Ein Kind, etwa in deinem Alter, nimmt dich an die Hand.
Es führt dich zu seinem Zuhause. Du darfst bei ihm übernachten.
Über diese Einladung freust du dich sehr. Du nimmst sie gerne an.
Wie zu dieser Zeit üblich, gehst du mit hoch auf das Dach und legst dich
ebenso auf eine Strohmatte wie das Kind. Du schläfst direkt ein.

[Pause]

Am nächsten Morgen bekommst du etwas Milch, Brot und Datteln.
Ihr frühstückt gemeinsam.
Dann geht ihr hinaus. An dem Haus, wo der gestrige Umzug endete, ist ein Zelt aufgebaut. Das junge Paar trägt wunderschöne Kleider. Alle feiern. Längst hast du erkannt, dass es sich hier um eine Hochzeitsfeier handelt. Es sind wundervolle Büfetts aufgebaut, mit allen möglichen Köstlichkeiten: Natürlich gibt es dort verschiedenes Obst, Brot, gegrilltes Fleisch, Salate, Gemüse und vieles mehr. Du schaust dir diese Köstlichkeiten an und probierst auch einige Sachen. Wie schmecken sie dir?

Du hörst plötzlich ein Gespräch: Eine Frau meint zu einem jüngeren Mann, dass den Gastgebern wohl der Wein ausgegangen sei. Der Mann wirkt nachdenklich. Doch dann geht er zu zehn Wasserkrügen, spricht etwas, hoch konzentriert. Schließlich redet er mit einigen Dienern. Diese nehmen die Krüge und bringen sie zu einem anderen Mann. Er riecht an einem der Krüge und probiert einen Schluck.
Plötzlich rennt er aufgeregt zum
Bräutigam – du natürlich hinterher.
Du möchtest wissen, was hier los ist.

[Pause]

Der Mann schimpft mit dem Bräutigam, du hörst es genau:
„Was machst du nur? Alle Menschen geben ihren Gästen ERST den guten Wein … Dann, wenn sie schon etwas betrunken sind, DANN erst gibt man ihnen den einfacheren, billigeren Wein. Du aber machst es umgekehrt!?!"

Der Bräutigam versteht nicht ganz, was der Mann von ihm will.
Du aber hast es verstanden. Du lächelst – aber natürlich verrätst du nichts. Schließlich weißt du ja, dass der jüngere Mann vorhin Jesus gewesen sein musste. Und das, was da eben geschah: Es war das erste Wunder Jesu!

[Pause]

Du schaust dem Mann nach, wie er grummelnd irgendwo im Hintergrund verschwindet. Die Brautleute feiern weiter. Sie freuen sich mit ihren Freunden und Bekannten über den besonderen Wein und natürlich über den schönen Anlass.
Du siehst ihnen weiter zu, wie sie lachen, tanzen und singen.
Bevor du die Feier verlässt, umarmst du nochmals das Kind, bei dem du übernachtet hattest. Ihr winkt euch mehrmals zu, während du weitergehst.

Gott

Klasse 1/2

Der Hirte

Tipps und Anmerkungen zu dieser Fantasiereise:
Im Unterricht soll die Frage nach Gott gestellt werden – bzw. danach, was für die Kinder eigentlich „das Göttliche" bedeutet. Ihre persönliche Beziehung und Sichtweise kann dabei in den Vordergrund treten: Was macht Gott aus? Wie ist das für mich? Wie fühle ich mich, wenn ich an Gott denke?
Oft wird Gott als Hirte dargestellt – ein Bild, das aus der Bibel stammt.
Doch dies ist schneller ausgesprochen als nachempfunden. Die Fantasiereise regt die Kinder dazu an, eine emotionale Beziehung zu Gott zu entwickeln.

Mögliche Arbeitsaufträge:
- Wie verhält sich der Hirte in der Geschichte? Was ist aus deiner Sicht besonders an ihm?
- Stelle dir vor, du wärst kein Mensch, sondern ein Schäfchen. Wärst du gerne ein Schäfchen in dieser Herde? Begründe deine Meinung.
- Was würdest du vielleicht als Hirte anders machen?
- Warum könnte man Gott als Hirten und die Menschen als die Schafe bezeichnen? Was würde das für die Reise bedeuten?
- Was geschieht mit dem kleinen Schäfchen? Ist es aus deiner Sicht sinnvoll, es zurückzuholen?
- Wie hast du dich bei dieser Reise gefühlt? Wie ging es dir, als du das Schäfchen in die Arme genommen hast?
- Male eine Bildergeschichte zu dieser Fantasiereise.
- Male ein Bild des Schäfers mit dem kleinen Schäfchen.
- Finde heraus, was Schafe alles zum Leben benötigen. Gibt es heute noch echte Schäfer in Deutschland? Wenn ja – wie viele gibt es etwa?

Fantasiereise: Der Hirte

Du stehst auf einer großen Wiese.
Es ist eine wunderschöne, grüne Wiese.
Einige Blümchen blühen hier und da.
Es riecht wundervoll frisch.
Kennst du den Geruch von Wiesen?
So wundervoll frisch, es „riecht" nach guter Laune.

Du hörst ein kleines Glöckchen bimmeln.
Erst ganz zart und leise.
Dann wird das Glöckchen-Klingeln etwas lauter.
Da siehst du, wie ein kleines Lämmchen auf dich zugehüpft kommt.
Es springt dir fröhlich entgegen.

Da musst du einfach lächeln.
Es freut dich, dass das kleine Lamm keine Angst vor dir hat.
Es kommt direkt zu dir.
Schmiegt sich leicht an dich an.
Du streichelst es vorsichtig.
Wie fühlt sich sein Fell an?

[Pause]

Ganz weich und kuschelig ist das Fell des kleinen Lammes.
Du umarmst es. Es ist so schön, wie ihr kuschelt.
Du genießt diese Nähe zu dem kleinen Schäfchen.

Nach einem Moment fragst du das Kleine,
wo denn eigentlich seine Mutter ist?
Wo seine Herde ist ...
Wo es herkommt?
Es kann dir natürlich nicht antworten.
Aber es geht langsam in die Richtung, aus der es gekommen ist.
Dabei bleibt es immer wieder stehen und schaut zurück zu dir.
Du verstehst: Du sollst ihm folgen.

[Pause]

Du machst dich auf die Beine und folgst ihm.
Gemeinsam geht ihr ein Stück weit über die Wiese, auf einen Hügel hinauf.

Dort kommt euch auch schon ein Mann entgegen.
Ein großer, alter Mann.
Er hat einen großen Holzstock in der Hand:
Einen Wanderstock, auf den er sich auch abstützen kann. Er scheint schon weit gelaufen sein.

Als das Lamm ihn sieht, läuft es ihm freudig entgegen.
Es springt um ihn herum.
Bleibt dann stehen, sodass er es streicheln und auf seinen starken Arm nehmen kann.
Es scheint sich dort richtig wohl zu fühlen.
Geborgen.

Der Mann spricht dich an und erzählt dir, dass er das Lamm nun schon einige Zeit gesucht hat. Er dankt dir, dass du es zurückgebracht hast.
Du antwortest ihm, dass du es nur begleitet hast.

[Pause]

Er lädt dich ein, ihn zu begleiten.
Gerne nimmst du seine Einladung an.
Ihr geht nun zu dritt – also nein, zu zweit, denn das Lamm ist auf dem Arm des Mannes eingeschlafen und wird nun weiter getragen.
Ihr lauft gemeinsam über die nächsten beiden Hügel.

Hinter dem zweiten Hügel hörst du eine ganze Schafherde blöken.
Als du sie siehst, bist du beeindruckt: So viele schöne Schafe!
In ganz verschiedenen Farbschattierungen: Da sind helle, gefleckte, braune und schwarze Schafe.
Kleine, mittlere und große Schafe.
Viele sehen sich sehr ähnlich.
Du könntest sie nicht auseinanderhalten.

Du schaust dir die Schafe alle an.
Du versuchst, sie zu zählen.
Keine Chance. Du kommst immer wieder durcheinander.

[Pause]

Du schaust den Mann lange an …

Er geht durch die Herde und streichelt jedes einzelne Schaf.
Nach einer Weile fragst du ihn:
„Wie kannst du deine Schafe auseinanderhalten? Und wieso hast du überhaupt gemerkt, dass das eine kleine Schaf gefehlt hat?"

[Pause]

Der Mann lächelt und sagt zu dir:
„Jedes meiner Schafe ist mir wichtig. Ich kenne sie von Anfang an. Ich möchte, dass es ihnen gut geht. Und wenn eines verloren geht, werde ich es natürlich suchen. Es könnte ja Angst haben.
Sich verlaufen haben.
Oder sogar verletzt sein.
Natürlich kümmere ich mich um alle meine Kleinen."

Du denkst darüber nach.
Natürlich. Das würdest du doch genauso tun, oder?

[Pause]

Dennoch ist es beeindruckend, dass er soooo viele Schafe kennt und im Auge behalten kann.
Er weiß, wie es jedem einzelnen Schaf geht.
Er weiß, wo jedes Schaf ist. Immer?
Wenn eines fehlen sollte, geht er es suchen.
Wenn eines Schmerzen hat, hilft er ihm.

Da es mittlerweile schon spät geworden ist, verabschiedest du dich.
Der Hirte nimmt dich in seine großen Arme und drückt dich zum Abschied.
„Pass immer gut auf dich auf. Und wenn du Hilfe brauchst, melde dich bei mir!", so spricht er noch zum Abschied.
Du lächelst ihn an und gehst über die beiden Hügel zurück zu der Wiese.

Gott Klasse 1/2

Jona

Tipps und Anmerkungen zu dieser Fantasiereise:
Wie schon die bekannte biblischen Jona-Erzählung, so thematisiert auch diese Fantasiegeschichte zunächst die Missachtung eines göttlichen Auftrags. Was geschieht, wenn andere durch eigenes Verhalten in Gefahr geraten? Insbesondere geht es in dieser Geschichte um göttliches Verzeihen-Können – bei aller Kraft, selbst Naturgewalten zu manipulieren.
Im Rahmen der Reflexion zu dieser Fantasiegeschichte sollte beachtet werden, dass die Schüler*innen nicht der alten Vorstellung erliegen, dass Gott hier fehlerhaftes Verhalten straft. Jesu Botschaft lässt die vormalige Idee des „strafenden Gottes", welche im Alten Testament immer wieder manifestiert erscheint, als überholt dastehen: Gott ist danach ein Vater der Liebe und des Verzeihens.
Als weiterer Schwerpunkt kann im Anschluss an die Fantasiegeschichte thematisiert werden, dass die Botschaft Gottes weitergetragen werden sollte.

Mögliche Arbeitsaufträge:
- Male ein Bild zu deiner Reise.
- Gibt es Situationen, in denen du auch lieber wegrennen möchtest, als etwas Bestimmtes zu tun? Welche Situationen sind das? Besprecht dies in eurer Klasse.
- Im Jahr 2018 ist einem Wal ein Taucher in sein geöffnetes Maul geraten. Er hat ihn jedoch auch bald wieder (fast unversehrt) „ausgespuckt". Meinst du, so etwas ist früher auch schon mal passiert?
- Wie haben sich Jona und die Seemänner beim Sturm gefühlt? Wie wäre es dir ergangen?
- Wo könntest du hingehen und von Gott erzählen?
- Versucht, gemeinsam ein einfaches Lied oder Gedicht zu schreiben, das von Gott erzählt oder in dem ihr einfach für etwas dankt. Wo könntet ihr das Lied singen? Möchtet ihr das?

Fantasiereise: Jona

Du liegst am Strand, hörst den Möwen zu und träumst etwas vor dich hin.
Da hörst du eine Stimme. Jemand sagt zu dir:
„Geh in die große Stadt Ninive. Erzähle den Menschen, dass sie sich böse verhalten. Sage ihnen, dass ich sie sehe und sie freundlicher zueinander sein sollen."

Du überlegst einen Moment…
Moment mal … Ich soll nach Ninive gehen?
Und von wem erzählen?

Ach – jetzt fällt es dir ein:
Gott hat zu dir gesprochen.
Aber nach Ninive sollte doch Jona gehen …?

Du schaust an dir herunter und erkennst:
Du BIST dieser Jona.
Und genau wie Jona hast auch du keine Lust, nach Ninive zu reisen.
Kein Wunder – schließlich bist du jetzt genau dieser Jona.

Du traust dich aber auch nicht, Gott zu sagen, dass du keine Lust dazu hast.
Man kann doch Gott nicht einfach sagen:
„Nö. Ich mag nicht."
Oder vielleicht doch?
Besser nicht sagen. Sonst wird er vielleicht sauer!

Du bist Jona.
Und da du also nichts erwidern willst – aber auch nicht nach Ninive möchtest – haust du ab.

[Pause]

„Wenn du mit einem Schiff übers Meer fliehst,
findet dich Gott bestimmt nicht."
So denkst du, in dem Moment.
Also bezahlst du einigen Seemännern die Fahrt
und gehst zu ihnen auf das Schiff. Du glaubst,
du hast es geschafft, und schläfst auf dem Schiff ein.

Doch plötzlich kommt ein Sturm auf.
Der Sturm wird schlimmer und schlimmer.
Die Wellen steigen immer höher.
Ihr bekommt alle Angst, dass das Schiff untergehen wird.
Ihr schreit und einige weinen.
Der Sturm tobt immer schlimmer.

[Pause]

Du weißt, dass dies von Gott ausgeht:
„Bestimmt ist er stinksauer, weil du einfach
weggelaufen bist", denkst du auf einmal
und hast ein schlechtes Gewissen.
Ob es etwas nützt?
Du lässt dich von den anderen ins Meer werfen, damit sollten wenigstens
die anderen wieder sicher sein …

Überall kaltes, schäumendes Meereswasser.
Der Sturm hat das Wasser aufgewühlt.
Es dreht sich alles bei dir, um dich herum.
Du bittest Gott um Verzeihung.

[Pause]

Auf einmal kommt ein riesengroßer Wal.
Er nimmt dich in sein Maul.

Boah, wie das stinkt!
Und dunkel wird es auf einmal!
Überhaupt ist das echt gruselig:
Erst im Meer – und jetzt in einem Walkörper?
Was hat sich Gott denn dabei gedacht?

Das macht dir alles ganz schön Angst.
Und du bist auch verwirrt.
Und wütend.
Und traurig.
Und – du schämst dich dabei sehr.
Du bist ja schließlich weggelaufen …
Weggelaufen von Gott.
Gott hatte dir aufgetragen, etwas zu tun – und du bist einfach weg.
Weil du keine Lust hattest.
Du schämst dich. „War das war peinlich!", denkst du.

[Pause]

Wie fühlt sich das an?
Was macht dieses Gefühl in deinem Körper?

Du entschuldigst dich in einem Gebet bei Gott.
Daraufhin sagt Gott etwas zu dem Wal –
und kurz darauf findest du dich –
ausgespuckt –
an Land wieder.

[Pause]

Wie durch ein Wunder bist du nicht dreckig
geworden.
Du stinkst auch nicht so.
Du bist so dankbar, dass du das alles gut überstanden hast.
So dankbar und erleichtert bist du – und dankst Gott dafür.

[Pause]

Wie du es im Walinneren versprochen hattest,
gehst du nun endlich nach Ninive.
Du erzählst den Menschen von deinen Erlebnissen.
Natürlich glauben sie dir so etwas nicht gleich.
Aber du sagst ihnen, dass sie sich ändern
sollen.
Sie sollen freundlich miteinander sein.
Sie sollen an Gott glauben.

[Pause]

Mitten in deiner Rede merkst du, dass du dich
glücklich fühlst.
Alles fühlt sich warm und geborgen an.
Du fühlst dich wohl, dass du den Wunsch Gottes nun erfüllst.
Du spürst, wie schön das ist, etwas Richtiges zu tun.
Von ihm zu erzählen.

Du bist fröhlich.
Und fühlst dich frei.

Gott

Klasse 3/4

Befreiung aus der Sklaverei

Tipps und Anmerkungen zu dieser Fantasiereise:
Eine der entscheidendsten Erzählungen der Bibel ist die vom „Exodus". Sie stellt den Auszug aus Ägypten mit Gottes Hilfe und die Erneuerung des Bundes zwischen Gott und seinem Volk dar.
Schüler*innen fällt es nicht sehr schwer, sich in die Situation von Sklaven in Ägypten einzufühlen. Diese Fantasiereise soll diese Empathie steigern und festigen.

Mögliche Arbeitsaufträge:
- Wie haben sich die Israeli vermutlich in Ägypten gefühlt, damals, zu Zeiten der Sklaverei?
- Was waren die schlimmsten Umstände für sie in Ägypten?
- Zeichne eine Karte von Ägypten, am Berg Sinai vorbei, hin nach Jerusalem. Besprecht zusammen in der Gruppe, wie weit dies für Menschen ist, ohne Auto oder Flugzeug, sondern nur zu Fuß.
- Was ist das Schöne an „Freiheit"?
- Was würdest du als Erstes tun, wenn du komplett frei wärst und es keine Regeln gäbe?
- Was würdest du alles bzw. am meisten vermissen, wenn du in Gefangenschaft wärst?
- Zeichne einen Comic zur Befreiung der Israeli aus der Gefangenschaft.
- Male ein Bild der Israeli in Ägypten beim Bau der Pyramiden. Male zudem eines von ihrer Reise ins gelobte Land.

Fantasiereise: Befreiung aus der Sklaverei

Um dich herum ist es wirklich heiß.
Mein Gott, ist das heiß!
Und sandig ist es und so staubig!

Dieses Geschrei. Wer schreit denn da so?
Ah, dahinten ist ein …
Moment mal … das ist ein Ägypter.

[Pause]

Über die habt ihr im Unterricht gesprochen.
Oh ja – jetzt, wo du dich umschaust, siehst du auch noch andere Ägypter.
Mit Peitschen und Stöcken.

Und hinter ihnen entdeckst du weitere Menschen.
Das müssen die Juden sein.
Sie schleppen als Sklaven dicke Seile.
Und mit diesen Seilen ziehen sie
riesige Steinblöcke.

[Pause]

Andere müssen Steinblöcke mit
Hammer und Meißel bearbeiten.
Oder Krüge mit Wasser und Lehm
schleppen.
Sie sehen geschafft aus.
So hart müssen sie in dieser Hitze
arbeiten.
Wenn sie eine Pause machen oder etwas trinken wollen, werden sie
angeschrien oder gleich ausgepeitscht.

Das ist, wie man so sagt, „richtige Knochenarbeit".

Du schaust dem Treiben eine Weile zu.

Wie grausam Menschen mit anderen Menschen umgehen!

Was fühlst du, wenn du dort zuschaust?

[Pause]

Doch plötzlich erscheint dort hinten ein Mann mit einem Wanderstock. Er wird von einem zweiten Mann begleitet. Die beiden sehen nicht aus wie Ägypter.
Eher wie die Sklaven – aber die beiden haben Gewänder an.
Sie gehen auf die Sklaven zu und fordern sie auf, ihnen beiden zu folgen.
Anfangs wirken sie noch sehr ängstlich, doch nach und nach trauen sich immer mehr. Sie sehen, dass die Ägypter nichts mehr dagegen unternehmen können.
Sie sind mittlerweile auch schon recht weit entfernt.

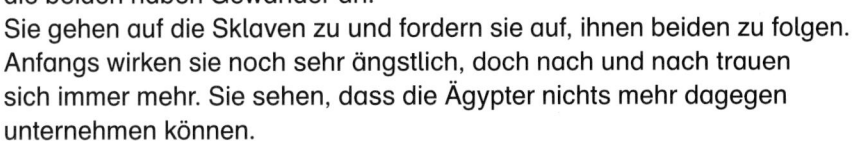

Die Menschen wirken sehr glücklich.
Glücklich, endlich aus der Sklaverei gehen zu können.
Glücklich, endlich wieder frei zu sein.

Wie sie sich freuen.
Wie sie jetzt lachen.
Was beobachtest du?
Wie fühlst du dich dabei?

Du folgst ihnen. Und sie folgen den beiden Männern.
Vor allem folgen sie dem ersten Mann mit dem Stock.

Wohin werden sie wohl gehen?
Was denkst du?

Beobachte ihren Weg und wie ihre Reise weitergeht.

Nach einiger Zeit wird es kühler und auch langsam dunkel.
Du gehst schnell an die Stelle zurück, von der du anfangs gekommen bist.
Während du zurückgehst, drehst du dich noch einige Male um und schaust in die Richtung, in die die befreiten Sklaven weitergehen.

Gott — Klasse 3/4

Gedenke, dass du den Sabbat heiligst

Tipps und Anmerkungen zu dieser Fantasiereise:
Hilfreich für das Verständnis der Fantasiegeschichte ist es, wenn im Vorfeld bereits über wesentliche Elemente des Judentums gesprochen wurde, dies ist aber nicht zwingend notwendig.
Die Fantasiegeschichte zum Thema „Sabbat" lässt sich auch gut als Einstieg nutzen. In diesem Falle könnte es allerdings zu einem etwas unruhigeren Verhalten Ihrer Schüler*innen führen. Dem kann im Vorfeld durch eine längere Entspannungs- und Hinführungszeit entgegengewirkt werden, ebenso durch eine Wiederholung der Verhaltensregeln bei Fantasiereisen.

Mögliche Arbeitsaufträge:
- Wie hast du dich am Anfang gefühlt, als du hungrig vor verschlossener Tür gestanden hast?
- Was hast du alles über den Sabbat erfahren? Notiere Stichpunkte dazu.
- Male ein Wimmelbild, in dem verschiedene Aspekte des Judentums bzw. des Sabbats versteckt sind.
- Welche Tage in der Woche sind in anderen Religionen Tage des Ruhens und des Gedenkens? Entwickle eine Tabelle (Religion – Wochentag).
- Wofür ist ein solcher besonderer Tag im Alltag einer Woche / eines Monats / eines Jahres von Bedeutung? Begründe deine Meinung.

Fantasiereise: Gedenke, dass du den Sabbat heiligst

Du liegst auf einer Wiese. Du fühlst dich wohl.
Die Sonne kitzelt dich ein wenig an der Nasenspitze.

Du blinzelst in die dahinziehenden Wolkengebilde über dir. Du beobachtest sie und überlegst dir dabei, was sie darstellen.

In den Wolkenbildern erkennst du Verschiedenes:
Mal taucht ein Hase auf. Ein Baum. Ein Herz. Einen riesigen Wolkenvogel siehst du …
Du schaust noch eine Weile und erkennst weitere Figuren.

[Pause]

Dann taucht ein Baguette auf. Ein Kuchen. Ein belegtes Brötchen. Ein Grillwürstchen …
Du merkst, dass du mittlerweile Hunger bekommen hast.

Also stehst du auf und schaust, ob du etwas Essbares in der Gegend findest.
Und tatsächlich erkennst du einige hundert Meter weiter eine Ortschaft.
Du machst dich auf den Weg.

Voller Vorfreude entdeckst du das Schild einer Gaststätte. Doch … leider ist diese geschlossen.

„Liebe Gäste, heute ist Sabbat. Daher haben wir heute geschlossen. Morgen sind wir wieder für Sie da."

[Pause]

Was soll das denn?
Du hast doch Hunger. Und was ist „Sabbat"?
„Wegen Krankheit geschlossen" – so etwas hast du schon gehört.
Auch wegen Weihnachten oder Silvester, aber „Sabbat"?

Enttäuscht setzt du dich hin und überlegst, was du machen könntest.
Leider ist kein anderes Lokal oder Geschäft in Sicht. Du hast aber Hunger!
Vor lauter Hunger fängst du an zu schrumpfen …
Du merkst, dass die Häuser größer werden und auch die Pflanzen
scheinbar wachsen.
Das scheint aber nur so, denn in Wirklichkeit schrumpfst ja du.
Ein wenig mulmig ist dir zwar dabei, aber dennoch hast du nicht wirklich
Angst.

Eine Maus kommt vorbei. Du bist jetzt ungefähr so groß wie sie.
Die Maus begrüßt dich. Sie fragt dich nach deinem Namen.
Du antwortest ihr.
Passend zu einer ersten Begrüßung beginnt dein Magen zu knurren.
„Oh, du scheinst Hunger zu haben", sagt die Maus und lädt dich ein, ihr zu
folgen.

[Pause]

Ihr schlüpft durch ein Loch in der Mauer in das Restaurant.
Du folgst der Maus. Sicher führt sie dich in die Vorratskammer des
Restaurants und bringt dir schnell ein paar Krümel
Brot sowie ein Stück Käse und eine Apfelecke.
„Lass es dir schmecken!", fordert sie dich auf.
Du bedankst dich und isst.
Dabei fragst du sie, warum heute geschlossen ist.
Es ist doch Samstag, da gehen doch viele Leute in
Restaurants.

Die Maus erklärt dir, dass doch Sabbat sei.

[Pause]

Du schaust sie mit großen Augen und einem Schulterzucken an.
Sie versteht, dass du nicht weißt, was sie mit „Sabbat" meint.

Sie fängt an zu erklären, dass die Menschen dort Juden sind.
Juden feiern den Sabbat.
Sabbat ist der siebente Tag der Woche bei den
Juden.
So wie bei den Christen der Sonntag.
Am Freitagabend, wenn es dunkel wird, fängt der
Sabbat an, und er hört am Samstagabend auf.

[Pause]

Sie wollen daran erinnern, dass auch Gott die Welt – Himmel, Erde, Pflanzen, Tiere, Menschen – an sechs Tagen erschaffen hat und am siebenten Tage ruhte. So soll es auch der Mensch tun. Das steht schon in den zehn Geboten.

Du fragst die Maus, ob die Juden dann samstags, also an ihrem Sabbat, fasten und gar nichts essen.
„Doch, doch, natürlich essen sie", erklärt dir die Maus. Die Juden kochen bereits am Freitag vor und bereiten auch vieles vor. Sie sollen ja am Sabbat möglichst nichts tun und Zeit haben, sich auszuruhen sowie gemeinsam zu beten. Sie gehen in die Synagoge zum Gottesdienst oder sind zu Hause, mit ihren Familien.

[Pause]

Du überlegst, wie das bei dir zu Hause ist.
Was machst du so am Sonntag?
Und deine Familie?

Apropos Familie – langsam möchtest du gerne wieder zurück.
Die Maus bringt dich wieder auf deine Wiese.
Auf dem Weg dorthin wird die Maus, aber auch alles andere um dich herum, wieder kleiner und kleiner …

[Pause]

Auf der Wiese angekommen, bist du wieder normal groß – und die Maus so klein, wie Mäuse eben sind … leider kannst du sie jetzt auch nicht mehr verstehen. Sie piepst nur noch.
Du nimmst sie vorsichtig auf deine Hand und streichelst sie sanft mit deinem Finger.
Sie schmiegt sich kurz an deinen Finger – wie um Tschüss zu sagen – hüpft dann herunter und läuft wieder zum Ort zurück.

Du schaust ihr lächelnd nach.

Gott

Klasse 3/4

Die zehn Gebote

Tipps und Anmerkungen zu dieser Fantasiereise:
Die zehn Gebote sind weltweit die wohl bekanntesten religiösen „Gesetze". Sie sollen den Menschen als Richtlinie dienen, wie am besten zu leben sei. Einige Gebote sind manchen Kindern vor der Unterrichtseinheit bekannter bzw. vertrauter als andere. In dieser Reise geht es darum, auf entspannte Art und Weise die zehn Gebote zu wiederholen bzw. erneut zu verstehen. Der Bezug zur heutigen Zeit und zum Lebensumfeld der Lernenden sollte dabei sinnvollerweise bereits im Vorfeld betrachtet worden sein.

Mögliche Arbeitsaufträge:
- Formuliere die zehn Gebote noch einmal in deinen eigenen Worten.
- Welches ist dein „Lieblingsgebot"? Warum?
- Gestalte zu jedem der zehn Gebote ein kleines Bild oder schreibe einen kleinen Text auf das Kärtchen.
(Teilen Sie als Lehrkraft im Vorfeld kleine Zettel, z.B. 10 x 10 cm, aus.)
- (Gruppenarbeit, nach Einteilung der Klasse in zehn Gruppen durch Sie als Lehrkraft: Jede Gruppe reflektiert zu „ihrem" Gebot.)
Sammelt Stichwörter zum Gebot. Überlegt eine passende Geschichte dazu. Gestaltet ein Plakat.
- Einzelarbeit: Suche dir ein Gebot aus und überlege, warum dieses Gebot so wichtig ist, dass es in die zehn Gebote aufgenommen wurde.
- Formuliert gemeinsam zehn Klassen-Gebote. Sucht diese in Anlehnung an die vorher besprochenen „zehn Gebote" heraus. (Hier ist natürlich eine Steuerung durch Sie als Lehrkraft sinnvoll.)
- Sind Gebote aus deiner Sicht notwendig?
Begründe deine Meinung.
- Könntest du dir eine Welt ohne Gebote vorstellen?
Wie sähe diese aus?

Fantasiereise: Die zehn Gebote

Du bist auf dem Berg Sinai. Du bist in ein Tier verwandelt, das dort lebt. Gerade liegst du total entspannt da und döst ein wenig in der Hitze des Tages. Da kommt auf einmal ein Mann auf den Berg.
Er sieht etwas müde aus.
Er betet. Zumindest glaubst du das.

[Pause]

Aber was soll das jetzt? Plötzlich steht ein Dornenbusch in Flammen!
Du springst auf. Irritiert und verwundert blickst du auf das Ganze:
Der Mann ist auch erschrocken.
Doch dann spricht eine Stimme zu ihm:
„Mose, ich möchte, dass du meinem Volk einige Regeln nennst, an die sie sich halten sollen."
Na so was, das ist ja verrückt … Jetzt will diese Stimme auch noch, dass der Mann etwas Bestimmtes macht.
Gerade, als dieser Gedanke aufkommt, donnert und blitzt es unmittelbar über dir. Das wird ja immer unheimlicher!
Ok, ok … besser jetzt nichts tun oder denken, einfach weiter zuschauen: Zuerst sagt die Stimme, dass sie **„sein Herr"**, **„sein Gott"** sei, der ihn aus Ägypten, aus dem Sklavenhaus geführt habe.

Davon hattest du auch schon mal gehört …
Wie war das noch? Die Israeliten waren als Sklaven in Ägypten. Sie mussten dort sehr schwer arbeiten. Viele starben dort, weil es so anstrengend war und sie kaum zu essen hatten. Ach ja – dieser Moses hatte mit dem Pharao verhandelt und durfte irgendwann die Israeliten mitnehmen und ziehen lassen.
Und irgendetwas war da noch mit einem geteilten Meer …
… mal überlegen … Fällt es dir ein?

[Pause]

Nun ja, wie gehts hier weiter?
„Du sollst keine anderen Götter neben mir haben."

Ach ja, andere Menschen glauben, dass es mehrere Götter gibt.
Auch deswegen kam es ja später, zur Zeit Jesu, auch immer wieder zu Streit mit den Römern. Die Römer hatten schließlich für fast alles einen eigenen Gott.

Aber auch die Ägypter glaubten an viele verschiedene Götter …
Einen für die Sonne, einen für die Unterwelt, einen für die Fruchtbarkeit, einen für dies und einen für das.

Gut, da kannst du verstehen, dass Gott, der den Israeliten geholfen hat, darauf besteht, dass sie nur an ihn, an den „Einen" glauben.

„Du sollst den Namen Gottes nicht missbrauchen."

Wie soll das denn gehen? Anders könnte man auch sagen, dass Gott und sein Name nicht achtlos oder respektlos benutzt werden soll.

Als Drittes soll man daran denken, **den Sabbat zu heiligen.**

Der Sabbat: der siebente Tag der Woche. Der Tag, an dem sich Gott nach Erschaffung der Welt ausruhte und über alles freute.
„Heilig" meint etwas Besonderes. Der siebente Tag soll also etwas Besonderes sein. Er soll von den Menschen unterschieden werden zu den anderen Tagen, an denen sie arbeiten müssen.
Kennst du auch solche Tage?

[Pause]

„Du sollst Vater und Mutter ehren."

Die Eltern kümmern sich um ihre Kinder.
Deshalb sollen auch die Kinder ihre Eltern achten. Sie sollen nicht vergessen, was die Eltern ihnen Gutes getan haben – und tun. Vielleicht brauchen ja auch mal deine Eltern deine Hilfe?
Wann hast du ihnen das letzte Mal geholfen?
Wann hast du ihnen das letzte Mal vielleicht „Danke" für etwas gesagt?

[Pause]

„Du sollst nicht morden."

Um Himmels Willen – natürlich nicht!
Aber es stimmt schon: In der Zeit, in der wir uns gerade hier bei Moses befinden, bei den Israeliten und den Ägyptern, ist es schon gefährlich. Es gibt viele Räuber, die andere einfach umbringen. Und auch sonst sind viele mit Gewalt nicht zimperlich. Mord kommt leider oft vor. Das soll endlich aufhören. Das findest du auch, oder?

[Pause]

„Du sollst nicht ehebrechen."

In dieser Zeit sind die Gesetze und die Gesellschaft noch ganz anders als später in der Bundesrepublik Deutschland. Frauen sind auf die Männer angewiesen. Vor dem Gesetz dürfen nur Männer untereinander Verträge vereinbaren bzw. eingehen.
Aber auch die Männer brauchen ihre Frauen: Sie kümmern sich um das Haus und den Hof, sie sind fürs Erziehen der Kinder zuständig und für vieles mehr.
Damit dies für alle ein sicheres und Geborgenheit spendendes Umfeld wird, darf natürlich die wichtige Lebensgemeinschaft Ehe nicht durch Ehebruch zerstört werden. So haben auch Eifersucht oder Angst vor einem Verlassenwerden keine Chance. Alles wird dadurch sicherer für die Mitglieder einer Familie.

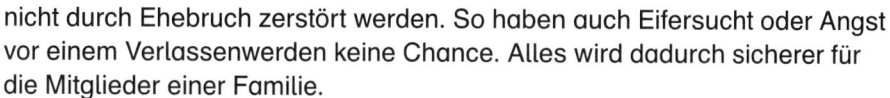

Ähnlich ist es natürlich, wenn man nicht stehlen darf.
So heißt nämlich das siebente Gebot, das Gott Mose gerade nennt. Wenn niemand stiehlt, braucht keiner Angst zu haben, dass ein anderer ihm etwas wegnimmt.

Wie wäre das für dich, wenn dir jemand zum Beispiel dein Essen wegnehmen würde? Und wie wäre das, wenn du gerade enorm großen Hunger hättest?

[Pause]

„Du sollst nicht falsch aussagen gegen deinen Nächsten."

Moses muss ein erstaunlicher Mann sein. Oder war er einfach nur so erschrocken? Er fragt ja nicht einmal nach, was Gott mit seinen Geboten meint!
Du hingegen machst dir schon Gedanken dazu. Du willst das ja auch alles verstehen. Vielleicht macht Moses das ja ebenso, nur still und leise, sodass du es gar nicht vernehmen kannst?

„Du sollst nicht falsch aussagen gegen deinen Nächsten."

Das heißt einfach: Du sollst nicht lügen.

Also, zu verstehen ist das einfach …
Aber sich an dieses Gebot zu halten …?

Wann hast du das letzte Mal gelogen?
War es eine schlimme Lüge?
Was ist eine schlimme Lüge?
Nach dem Gebot ist ja jede Lüge schlimm.

Wann hast du das letzte Mal deine Freundin oder deinen Freund angeflunkert? Vielleicht ja auch nur ein ganz klein wenig?
Denk mal darüber genau nach …

[Pause]

„Du sollst nicht die Frau deines Nächsten haben wollen."

Du sollst also nicht eifersüchtig oder neidisch auf die Partner und Freunde deiner Freunde und Nachbarn sein.
Sei also im Grunde zufrieden mit deinem Leben.

Dazu gehört auch das zehnte Gebot, das Gott gerade ausspricht:

„Du sollst nicht das Eigentum deines Nächsten haben wollen."

[Pause]

Auch hier geht es doch darum, dass du mit deinem Leben zufrieden bist.
Sei einfach glücklich mit dem, was du hast.
Es ist gar nicht nötig, immer mehr zu besitzen als die anderen.
Wozu sieben Torten haben, für sich allein zum Beispiel? Bis alle Torten gegessen sind, ist es einem entweder total übel oder der Rest ist nicht mehr gut … So viele Torten sind nur dann schön aufzutischen, wenn Freunde kommen, um sie gemeinsam zu genießen.
Zufrieden sein … jetzt gerade einfach zufrieden sein.

Moses ist offenbar wieder auf dem Weg nach unten, zum Lager.
Du hast deinen Berg wieder für dich allein. Gut, Gott ist vermutlich noch da, um dich herum – aber das kann dich ja nicht stören.
Wenn dieser immer da ist.
Du genießt deinen Berg Sinai, die Ruhe um dich herum … das Göttliche …
Aber spannend und aufregend war das schon, was du erlebt hast.
Du schläfst ein und träumst noch einmal davon.
Was würdest du gerne mit deinen Freunden teilen?

Gott

Klasse 3/4

JHWH Ich-bin-da

Tipps und Anmerkungen zu dieser Fantasiereise:
In der folgenden Fantasiereise wird die Botschaft Gottes „Ich bin da – für dich und für andere" thematisiert. Es heißt im übertragenen Sinne: „Wenn ihr mich braucht, werde ich euch zur Seite stehen, euch Antwort geben." Aber was bedeutet das konkret für die Kinder? Gerade in einer Zeit, in der die Gesellschaft und Wertevorstellungen sich scheinbar immer schneller verändern, in einer solch schnelllebigen Zeit scheinen die Worte „Ich bin da" eher rar zu sein. Verlässlichkeit stellt aber gerade für Kinder und Heranwachsende eine wesentliche und notwendige Konstante dar, welche ihnen Stabilität und Selbstvertrauen vermitteln kann. Bereits im Namen Gottes findet sich diese Botschaft: „Ich bin da" – als Aufgabe wie auch Bereitschaft.
Mithilfe der Fantasiereise kann die entsprechende Botschaft gemeinsam mit den Schüler*innen herausgearbeitet werden, ebenso Möglichkeiten einer eigenen, individuellen Konstante in ihrem Leben.

Mögliche Arbeitsaufträge:
- In welchen Situationen hast du Angst und bist froh, wenn jemand an deiner Seite ist?
- Was ist das für ein Gefühl – zu wissen, dass man einen starken, großen Freund bzw. eine starke, große Freundin immer an der Seite hat?
- Verändert die stete Anwesenheit Gottes dein Verhalten?
- In welchen Situationen ist es vermutlich für Menschen besonders wichtig, zu wissen oder zumindest zu hoffen, dass sie nicht allein sind, sondern wenigstens Gott an ihrer Seite haben?
- Schreibe auf rote Klebezettel, wo du allein Angst hast oder dich einfach gar nicht richtig wohl fühlen kannst. Notiere auf gelben Zetteln solche Situationen, die mit einem großen Freund bzw. einer großen Freundin leichter oder sogar schöner sind als alleine. Hefte nun die gelben und die roten Zettel getrennt voneinander – eine Farbe links und eine rechts – auf die Tafel.
- Wie sieht die Tafel nun aus? Wirkt es eher angstvoll oder eher vertrauensvoll und mutig?
- Fallen dir Situationen ein, in denen du vielleicht selbst einer anderen Person als großer Freund bzw. als große Freundin zur Seite stehen könntest?

Fantasiereise: JHWH Ich-bin-da

Du bist an einem Ort, den du gut kennst und den du magst.
Wie fühlst du dich?

Du stehst auf und gehst ein paar Schritte.
Nach einigen Minuten kommst du an einen Platz, den du nicht so magst.
Wie geht es dir jetzt?
Obwohl du diesen Ort nicht so magst, verweilst du dort.
Mutig gehst du sogar noch ein wenig weiter.

Etwas mulmig wird es dir an diesem Ort. Schlimmer noch:
Das Unheimliche wird immer größer. Wird mächtiger und mächtiger.
Es wird langsam echt gruselig.
Aber was ist daran so gruselig?
Warum fühlst du dich dort so anders als an dem Ort,
den du so magst?
Was ist das Beängstigende an diesem Ort?

[Pause]

Was könnte dir helfen?
Was könnte passieren, damit du dich dort besser
fühlst?

[Pause]

Am liebsten würdest du weglaufen, doch du bleibst und siehst dich um,
dort, wo du gerade bist.

[Pause]

Jetzt hörst du eine sichere Stimme:

„ICH BIN DA."

[Pause]

Die Stimme wiederholt noch mal:

„Ich bin da.
Ich – bin – der – ich – bin – da."

Ich bin da für dich.
Ich bin an deiner Seite.
Du bist nicht allein.
Du brauchst keine Angst zu haben.
Niemals.
Wenn du Angst bekommst, denk daran, dass ich immer bei dir bin.
Wenn du traurig bist, bin ich für dich da.
Wenn du Sorgen hast – ich bin für dich da.
Wenn du glaubst, es geht nicht mehr weiter – ich bin für dich da.
Wenn du denkst, alle sind gegen dich – ich bin für dich da.
Du wirst nie allein sein.
Das verspreche ich dir.
Selbst, wenn du dich ganz allein fühlst – du bist nicht allein.
Ich bin bei dir.
Ich bleibe bei dir."

[Pause]

Sieh noch einmal auf den Ort, der zunächst schlimm war für dich.
Wie ist das jetzt? Kannst du spüren, dass Gott bei dir ist? Dass er dich auch an diesem Ort nicht allein lässt? Er bleibt bei dir, er ist an deiner Seite.

[Pause]

Dass er bei dir ist, macht den Ort heller und freundlicher.
Der Ort wird freundlicher.
Du kannst mutiger werden. Du fühlst dich stärker.
Du bist froh, einen Freund an deiner Seite zu haben.

Der Ort wird weniger gruselig. Es wird alles angenehmer.
Du fängst an, den Platz sogar etwas zu mögen.
Auch andere Kinder kommen nun an diesen Ort.
Freundliche Kinder. Lachende Kinder.
Ihr Lachen steckt an. Du lachst mit ihnen.

Wie fühlst du dich jetzt?
Wie geht es deinem Bauch?
Du bist erleichtert und glücklich.

[Pause]

Und Gott ist an deiner, an eurer Seite.
Genießt die Zeit zusammen.

Andere Religionen Klasse 3/4

Einen ganzen Monat nichts essen?!?

Tipps und Anmerkungen zu dieser Fantasiereise:
Heutzutage sind Religionen, wie zum Beispiel der Islam, unmittelbarer Bestandteil des Lebensumfeldes unserer Kinder und Jugendlichen.
Es ist wichtig, dass bereits junge Schüler*innen den Ramadan als Säule des Islams kennenlernen und verstehen, warum bei muslimischen Mitschüler*innen während dieser Zeit einiges anders ist als sonst. Sie erwerben Kenntnisse über die Bedeutung und die Wichtigkeit dieses Fastens. Die Fantasiereise lässt das bereits Erlernte noch einmal vertiefen und anschaulicher werden.
Achten Sie darauf, dass das Thema bereits im Vorfeld weitgehend geklärt und verstanden wurde und dass evtl. vorhandene Animositäten aus dem Weg geräumt wurden. Obwohl für muslimische Kinder noch kein Fastengebot während des Ramadans besteht, probieren viele Kinder bereits das Fasten aus, zumindest für begrenzte Zeiten. Dies kann verschiedene Auswirkungen auf den Unterricht haben, die nicht zu verharmlosen sind.

Mögliche Arbeitsaufträge:
- Erkundigt euch in eurem Freundes-/Bekanntenkreis danach, ob diese Menschen fasten. (Wenn ja, warum?)
- Überlege: Wenn du fasten müsstest – worauf könntest du am einfachsten bzw. schwersten verzichten?
- Wann ist im Christentum die Fastenzeit? Und wie wird hier gefastet?
- Bastelt eine Sonne und einen Mond. Malt zudem eine Tafel, die einen gedeckten Tisch für die Zeit nach Sonnenuntergang präsentiert.
  Teilt untereinander auf, wer welche Speisen (bildnerisch) mitbringt. Ihr dürft schließlich alle gemeinsam höflich miteinander „speisen" – solange die Sonne nicht scheint. Dies variiert – je nach Sonnen- oder Mond-Symbol. (Zeigen Sie zum Wechsel jeweils das zuvor gebastelte Sonnen- oder Mond-Symbol.)
- Fragt einen erwachsenen Muslim bzw. eine erwachsene Muslima, ob er bzw. sie in euren Unterricht kommen und euch über den Ramadan erzählen kann.

Fantasiereise: Einen ganzen Monat nichts essen?!?

Du bist im Urlaub in einem muslimischen Land …
Kannst du einige solcher Länder nennen?
Du könntest zum Beispiel in Indonesien, Pakistan, Indien oder Bangladesch sein, oder auch in Ägypten, Nigeria, Iran, es gibt viele, viele weitere.
In einem muslimischen Land machst du jetzt also Urlaub …
Es ist ein wunderschöner Urlaub.
Eine tolle Unterkunft, leckeres Essen, spannende Freizeitangebote, nette Leute, schönes Wetter …
Ein echt gelungener Urlaub.

Du hast dich mit einem Jungen angefreundet.
Ein netter Junge, der dort zu Hause ist.
Er lebt mit seiner Familie in dem Urlaubsort.

Ihr versteht euch so gut, dass seine Eltern deine
Familie und dich zu sich einladen.

„Liebe Familie, wir würden uns sehr glücklich schätzen,
wenn Sie alle heute Abend nach Sonnenuntergang zu uns zum Essen kommen würden. Herzlichste Grüße."

Nach Sonnenuntergang?
Was soll das denn?

Wir essen doch immer schon um sieben …
Wann geht die Sonne heute unter?
Oh ja, wie soll das denn gehen?
„Ich habe eigentlich jetzt schon Hunger", denkst du.

„Was es wohl geben wird?
Soll ich schon vorher etwas essen?
Noch drei Stunden …"
Du seufzt.

Zum Glück gibt es ja auch noch die Freizeitbeschäftigungen für die Urlauber.
Du machst dich auf den Weg und unternimmst etwas Schönes,
das lenkt dich ab.

[Pause]

Zwei Stunden später machst du dich fertig.
Ihr geht los zur Wohnung der Familie des Jungen.
Pünktlich zum Sonnenuntergang kommt ihr an.

Dort sind bereits viele Menschen.
Nicht nur der Junge und seine Eltern, sondern auch weitere Familienmitglieder, Tanten und Onkel werden euch vorgestellt, eine Oma und noch einige Freunde der Familie.

Alle sind superfreundlich und nett zueinander – und genauso zu euch.
Im hinteren Bereich ist ein großes Büfett aufgebaut:
Lauter leckere Sachen, die du schon in ähnlicher Weise im Urlaub kennengelernt hast.
Aber auch viele Speisen, die du nicht kennst.
Es riecht so lecker! Außergewöhnlich.

[Pause]

Als Dankeschön für die Einladung überreichst du im Namen deiner Familie ein Geschenk.
Du freust dich, dass es bei der Familie des Jungen so gut ankommt.

[Pause]

Nach der Begrüßung und dem ersten Umschauen dort, habt ihr zwei auch endlich Zeit für euch.
Ihr geht zusammen zum Büfett.
Dein Freund erklärt dir endlich, warum die Einladung erst für nach Sonnenuntergang ausgesprochen wurde und warum so viele heute gekommen sind.

„Wir befinden uns im neunten Monat des muslimischen Jahres.
In diesem Monat fasten die meisten Muslime."

Das Fasten ist aber nicht so, wie vielleicht Heilfasten oder die Fastenzeit bei den Christen – zum Beispiel vor Ostern.
Das Fasten spielt im muslimischen Glauben eine große Rolle.

Jeder Muslim sollte versuchen, dieses Fasten durchzuhalten.
Es geht auch darum, sich wieder auf das Wichtigste im Leben zu konzentrieren.
Sich wieder an Gott zu erinnern, der über allem steht.

[Pause]

Alte oder kranke Menschen, stillende Frauen und Kinder brauchen nicht zu fasten. Sie benötigen regelmäßige Ernährung, um gesund zu werden oder zu bleiben.

[Pause]

„Im Ramadan, dem Fastenmonat, isst und trinkt man nur, wenn die Sonne untergegangen und noch nicht wieder aufgegangen ist."

Den ganzen langen Tag nichts essen und auch nichts trinken.
Das ist ja unheimlich lang!
Wie willensstark muss man dafür sein?
Und das „nur", weil es in einer Religion so vorgegeben wird?
Für den Glauben einen Monat nur quasi nachts essen …

[Pause]

Aber dennoch müssen Erwachsene, genau wie zu anderen Zeiten, auch noch arbeiten!
Oder haben Muslime dann einen Monat frei?

Nein. Sie haben nicht frei. Sie müssen trotzdem arbeiten.
Ohne Essen. Ohne Wasser.

[Pause]

Dein Freund erzählt dir weiter:
„Da meine Familie auch fastet, haben wir euch jetzt eingeladen.

Das macht man oft so.
Das Essen nach Sonnenuntergang nennen wir Iftar.
Das Essen morgens, vor Sonnenaufgang, wird Saḥûr genannt.

Wie du sehen kannst, gibt es viel Gemüse und viele Früchte, wie Datteln und Feigen oder auch Granatäpfel. Dann gibt es leckere Gerichte, auch Geflügelfleisch und Fisch. Humus und Harira, das sind Kichererbsen- und Linsengerichte, dürfen auch nicht fehlen.
Außerdem soll man natürlich ganz viel trinken.
Das brauchen die Nieren bzw. der ganze Körper.
Am besten ganz viel Wasser und ungezuckerten Tee.

[Pause]

Aber Muslime sollen in dieser Zeit nicht nur aufs Essen und Trinken achten.
Sie achten auch darauf, dass sie sich korrekt verhalten und die Gebote
Gottes besonders gut einhalten.

[Pause]

Außerdem versuchen die Menschen, im Ramadan viel Zeit mit der Familie
und mit Freunden zu verbringen.
So kommt es, dass man sich zum gemeinsamen Essen trifft.

[Pause]

Es ist schön, gemeinsam Zeit zu verbringen und die vielen leckeren Dinge
zu essen. Komm, lass uns genau das jetzt machen: Die leckeren Sachen
essen!"

Du gehst also mit deinem Freund an das Büfett und probierst verschiedene
Häppchen.
Super lecker!
Und sie riechen fantastisch.

[Pause]

Ihr redet noch lange.
Und natürlich trinkt und esst
ihr noch vieles.

[Pause]

Nach einer ganzen Weile ist es schon spät geworden.
Die Eltern deines Freundes müssen ja am nächsten Tag arbeiten.
Ihr verabschiedet euch und bedankt euch herzlich für diesen wundervollen
Abend.
Er ist wirklich unvergesslich – meinst du nicht auch?

[Pause]

Im Bett denkst du über diesen Tag noch einmal nach.
Du erinnerst dich noch einmal an alles, was du über den Ramadan und das
Fasten der Muslime erfahren hast.

Andere Religionen

Klasse 3/4

Der Koran

Tipps und Anmerkungen zu dieser Fantasiereise:
Viele Schüler*innen Ihrer Klassen kennen vermutlich einen eher „gewöhnlichen" Umgang mit einer Bibel – quasi als Buch. Sie nehmen Bibeln einfach in die Hand, blättern und lesen darin, ohne besondere Rituale hinsichtlich des „Wort Gottes". Muslime sind in Bezug auf den Koran – auch als Buch – oftmals strenger (erzogen), es empfiehlt sich, den Kindern dies vorab zu vermitteln.
Im Vorfeld der Fantasiereise sollte der Begriff „Ethnologie" geklärt werden, damit keine Unruhe während der Reise entsteht und alle Kinder mit Konzentration und in Ruhe folgen können.

Mögliche Arbeitsaufträge:
- Gehe in eine Bücherei / Buchhandlung / Moschee / zu befreundeten Muslimen, lasse dir einen Koran zeigen.
- Frage Muslime, was der Koran für sie bedeutet.
  Gibt es eine Lieblingsstelle (Lieblingssure), die sie dir nennen können?
- Nimm dir eine Koranseite, die dich inhaltlich besonders anspricht.
  Gestalte das Blatt mit schönen Mustern.
  (Die Kopien sollten hierfür von der Lehrkraft im Vorfeld angefertigt und ausgelegt bzw. ausgeteilt werden.)
- Male ein Bild zu der Reise.

Fantasiereise: Der Koran

Du hast jahrelang geforscht und dich auf dem Gebiet der Ethnologie spezialisiert. Besonders spannend findest du Fragen, in denen es um die Entwicklung von Menschen sowie deren Sitten und Gebräuche in verschiedenen Ländern der Welt geht.

[Pause]

Mittlerweile bist du sogar berühmt geworden. Viele Menschen sind beeindruckt von dir und von dem, was du alles weißt. Wie fühlt sich das an?

[Pause]

An einem freien Nachmittag gehst du spazieren. Es ist ein schöner Tag. Du bist glücklich, dass du Zeit hast, deinen Spaziergang zu genießen. Wie fühlst du dich dabei?

[Pause]

Nach einer Weile hörst du plötzlich Kinder miteinander streiten. Sie schreien sich wütend an und sind offenbar unterschiedlicher Meinung. Du verstehst noch nicht genau, worum es geht …

Die Stimmen werden lauter, du hörst Bruchstücke, wie etwa: „Du spinnst ja" … „kann gar nicht sein" … „Das kann man doch gar nicht lesen!" … „Doch – Bibeln sind auch schön bemalt!" … „Oma gesehen …". Noch immer verstehst du nicht genau, worum es geht.

[Pause]

Als du ein Stück weiter um eine Kurve biegst, siehst du fünf Kinder, die durcheinanderschreien.
Du gehst zu ihnen hin. Sie werden zum Glück leise.
Etwas überrascht scheinen sie, dass du zu ihnen kommst.
Du fragst sie, worüber sie denn streiten.
Der kleinste Junge erklärt dir, dass sie ein Buch gefunden haben:
„Die einen denken, dass es ein Zauberbuch in Zauberschrift ist.
Die anderen meinen, es sei bestimmt ein heiliges Buch.
Vielleicht eine Bibel in Geheimschrift oder so etwas."

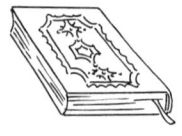

Kaum hatte er das gesagt, fingen die Kinder wieder an, sich laut zu streiten und zu beschimpfen.

[Pause]

Du stoppst dieses Durcheinander. Dann lässt du dir das Buch zeigen.

In deinen Händen hältst du ein älteres Buch, das wohl schon einige Zeit nicht mehr im Bücherregal gestanden hat. Die Kinder erklären dir, dass sie es in einem alten, verlassenen Haus gefunden haben. Im Keller, hinter einigen Steinen, in einer alten Keksdose aus Metall ...
Leider ohne Kekse, aber mit diesem Buch ...

[Pause]

Du lächelst. Zum einen, weil du dir überlegst, wie wohl die Kekse geschmeckt hätten, in einer alten Keksdose in einem alten Keller, in einem alten Haus ...
Zum anderen, weil du schon genau weißt, um welche Art „Zauberbuch" es sich handelt.

Es ist ein Buch in einer für viele tatsächlich fremden Schrift.
Es ist arabisch geschrieben. Die Schriftzeichen wirken auf Europäer oftmals schon sehr ungewöhnlich: Die Buchstaben sehen ganz anders aus, als wir es kennen. Außerdem wird von rechts nach links geschrieben und gelesen. Hinzu kommt, dass nicht alle Vokale notiert werden.
Das würde selbst deutsch Geschriebenes zu einer Zauberschrift machen.

Du erklärst den Kindern, die übrigens tatsächlich nicht mehr streiten, sondern dir leise zuhören, dass es sich um einen Koran handelt.

Bevor die Kinder fragen können, erklärst du ihnen, dass der Koran das Heilige Buch der Muslime ist – so ähnlich wie für uns Christen die Bibel.

Im Gegensatz zur Bibel glauben die Muslime, dass ihre Heilige Schrift Mohammed persönlich von Gott diktiert wurde.

Wie war das noch mal bei der Bibel?

Ach ja, die ist wie eine Bibliothek aus Büchern, die von verschiedenen Menschen nach Erzählungen und Berichten aufgeschrieben wurden.

Aber wer war Mohammed?

[Pause]

Mohammed ist der Prophet Gottes, der Gottes Botschaften erhielt und daher wusste, was wichtig ist und was im Sinne Gottes gemacht werden muss.
Aber die Geschichte Mohammeds ist eine andere lange Geschichte, diese wirst du den Kindern vielleicht ein anderes Mal erzählen.

[Pause]

Jetzt erklärst du den Kindern erst einmal, dass der Koran in 114 Kapitel eingeteilt ist. Diese Kapitel werden Suren genannt. Die Suren selbst sind in Verse unterteilt, sie werden als Âya bezeichnet.
Im Koran stehen viele Alltagsregeln, zudem die fünf Lebenspflichten der Gläubigen. Diese fünf Pflichten der Muslime werden auch die „fünf Säulen des Islam" genannt.

[Pause]

Außerdem sind die wichtigen Handlungsempfehlungen für den Alltag niedergeschrieben. Diese werden Sunna genannt.

[Pause]

Mit ihrer Heiligen Schrift gehen die Muslime sehr sorgsam um.
Manche Muslime sind der Meinung, dass auch nur Muslime den Koran mit reinen Händen und Herzen anfassen sollten.

[Pause]

Die Kinder finden ihren Schatz sehr wertvoll. Sie haben dir genau zugehört. Sie überlegen, was sie mit ihrem Fund, ihrem Koran, nun machen sollen. Hättest du eine Idee?

[Pause]

Du formulierst deine Idee und sie sind damit einverstanden. Ihr setzt es gemeinsam in die Tat um.
Schließlich gehst du wieder nach Hause.
Du denkst noch einmal an das, was du erlebt hast – und lächelst dabei.

Andere Religionen

Klasse 3/4

In der Synagoge

Tipps und Anmerkungen zu dieser Fantasiereise:
Als eine Form der monotheistischen Religionen wird auch das Thema Judentum in seinen Grundlagen im Unterricht thematisiert – natürlich noch nicht in der Ausführlichkeit, wie es später in weiterführenden Schulen behandelt wird.
Da Jesus selbst Jude war, sollte ein gewisses Verständnis für diese Weltreligion jedoch bereits früh entwickelt werden. Hinzu kommt, dass die Schüler*innen in ihrer Umwelt durchaus mit Abneigungen gegen Mitglieder anderer Religionen konfrontiert sein können. Interesse an anderen Menschen bzw. Akzeptanz des „Anderen" kann sich nur dann dauerhaft ausprägen, wenn entsprechende Grundlagen verstanden und verinnerlicht wurden.
Die Fantasiereise setzt eine Behandlung entsprechender Lerninhalte voraus. Sie soll vor allem der Vertiefung bzw. Festigung des Gelernten dienen. Eine fiktive Urlaubsgeschichte führt die Lernenden in eine Synagoge.
Im Rahmen der Unterrichtseinheit sollten mögliche Vorurteile oder auch unreflektierte Kommentare zum Thema Judentum bereits im Vorfeld aufgegriffen und entkräftet worden sein.

Mögliche Arbeitsaufträge:
- Male für deine Großeltern ein Bild der besichtigten Synagoge.
- Beschrifte die Skizze der Synagoge (durch die Lehrkraft vorbereitet).
- Schreibe eine Nachricht an deine Freunde aus dem Urlaub und berichte, was dich in der Synagoge am meisten beeindruckt hat.
- Malt einen Bereich der Synagoge.
  (Teilen Sie hierzu die Kinder in Gruppen ein, entsprechend verschiedenen Aspekten, z.B. Räumlichkeiten, Thema, Erdgeschoß oder erster Stock …)
- (Ein Besuch einer Synagoge in Ihrer Nähe, am besten mit Führung, könnte das Thema noch abrunden und den Schüler*innen eine zusätzliche Möglichkeit, direkt zu fragen, vor allem aber eine stärkere emotionale Bindung zu dieser fremden Religion bieten.)
- Gestaltet in Kleingruppen ein Plakat zu „eurer" Synagoge.

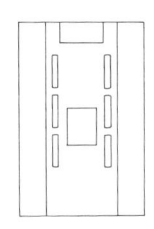

Fantasiereise: In der Synagoge

Du bist mit deiner Familie im Urlaub.
Dort ist es wunderschön. Ihr seid in einem schönen Hotel untergebracht, auch die Landschaft ist fantastisch. Du unternimmst viel mit deiner Familie und ihr genießt diesen Urlaub sehr.

[Pause]

An einem Tag kommt deine Familie allerdings auf die Idee, eine Stadtführung in der nächsten Stadt mitzumachen …

Stadtführung … Oh je, so etwas Ödes!
Du möchtest lieber etwas anderes machen.
Aber die Familie bleibt dabei:
Die Stadtführung steht fest.

[Pause]

Also geht es in die nächste Stadt. Eine Reiseleiterin mit knallrotem Schirm steht am Treffpunkt und wartet auf euch.

Was will die mit einem Schirm?
Es regnet nicht.
Es soll auch nicht regnen – das hast du erst vorhin noch im Hotel gehört.
Die hätte besser auch mal den Wetterbericht gehört …!

In diesem Moment hörst du sie sagen:
„Hallo! Ich bin Ihre Stadtführerin. In unserer Stadt haben alle Reiseführer bunte Schirme – auch wenn es nicht regnen soll, wie heute. So können Sie uns immer schnell wiederfinden."

Na, super. Also gar nicht so dumm, wie du dachtest.
Aber bestimmt geht sie jetzt gleich in ein langweiliges Museum.
Oder an so eine Mauer oder sonst was Langweiliges.

„Ich möchte Ihnen zunächst einen Schatz zeigen …"

„Einen Schatz? Hat sie das wirklich gerade gesagt?
Oh, einen Schatz – das hört sich gar nicht mal so schlecht an",
denkst du dir gerade.
Ihr geht ein Stück weiter, durch ein paar größere und kleinere Gassen.

[Pause]

Plötzlich bleibt sie vor einem alten Haus stehen.
Also, nicht ganz so alt wie anderes.
Aber doch ziemlich alt.
Und wo ist jetzt der Schatz?

„Wenn Sie nach oben schauen, können Sie einen Stern oben in der Mitte entdecken. Wissen Sie, was für ein Stern das ist?"

Du schaust gelangweilt hoch und siehst einen Davidstern.

„Das ist ein Davidstern! Den kenne ich!", platzt es plötzlich aus dir heraus.

„Oh, du kennst dich aus. Super! Ja, das stimmt", meint die Stadtführerin begeistert.

„Ja, das ist die alte Synagoge unserer Stadt.
Früher gab es auch noch eine neue Synagoge.
Diese Synagoge wurde aber böswillig zerstört.

Zum Glück wussten diese furchtbaren Leute nicht, dass es auch noch diese Synagoge bei uns gibt.
Vielleicht hätten sie sonst auch diese zerstört.

Nach dieser Zerstörung haben die Juden und ihre
Freunde hier in der Stadt die alte Synagoge wieder so aufgebaut, seitdem wird diese wieder genutzt."

Das ist ja seltsam, denkst du. Über das Judentum und über Synagogen habt ihr letztens im Religionsunterricht gesprochen.

Also, von außen sieht man außer dem Stern eigentlich nichts, was darauf hinweisen könnte, dass dies eine Synagoge ist.

Du folgst mit deiner Familie der Stadtführerin. Ihr geht ein paar Stufen hinauf zur Eingangstür und tretet ein.

Drinnen stehst du in einem kleinen Flur.
Rechts von dir geht es in einen mittelgroßen Raum.
Dort stehen ein großer Esstisch und einige Stühle.
Außerdem siehst du eine kleine Couch und einen Sessel mit einem kleinen Tischchen.

„Die Stube. Ein Raum, um gemeinsam zu essen und zu erzählen."

Neben der Stube gibt es noch eine Kammer, in der verschiedene Dinge aufbewahrt werden, zudem ist da auch eine Küche.

„Sind hier auch verschiedene Schränke für Sachen, die mit Milch oder die mit Fleisch in Verbindung kommen?", fragst du die Stadtführerin.
„Ja, richtig! Das ist hier auch so. Es ist in dieser Religion von Bedeutung. Daher gibt es extra verschiedenfarbig markierte Sachen und Schränke."

In dieser Küche können Kinder auch lernen, wie verschiedene jüdische Spezialitäten zubereitet werden.

Dann geht ihr zusammen eine Treppe hinauf.
Die alten Holzstufen knarzen beim Betreten, wie der alte Dielenboden bei deinem Pfarrer im Pfarrhaus. Dort sprecht ihr manchmal zusammen mit den anderen Kindern aus der Gemeinde über das Christentum.

[Pause]

Oben angekommen zeigt dir die Stadtführerin ein Zimmer, das aussieht wie ein Klassenzimmer.
Und tatsächlich – du erinnerst dich, dass in einer Synagoge ja auch Unterricht stattfindet. Kinder lernen dort zum Beispiel Hebräisch.
Die Sprache, in der die Thora geschrieben ist.
Du stellst dir vor, wie dieses Zimmer wohl aussieht, wenn Unterricht stattfindet.

[Pause]

Neben dem Klassenzimmer gibt es eine andere Tür.
Du gehst durch diese Tür und kommst aus dem Staunen nicht mehr heraus:

Du stehst auf einer Empore.
Eine Empore in einem wundervollen, großen Raum.

Der Raum reicht vom Erdgeschoss bis in den ersten Stock.

Auf der gegenüberliegenden Seite befindet sich eine Kuppel.
Von dieser Kuppel herab hängt ein riesiger Kronleuchter.
Der Kronleuchter strahlt alles zauberhaft an.

Die Wand hinter dem Kronleuchter ist auf märchenhafte Weise in Blau- und Goldtönen gestaltet.

[Pause]

Unterhalb des Kronleuchters ist ein Tisch aufgebaut.
Das Lesepult.
Dort wird am Sabbat und an Feiertagen aus der Thora vorgelesen.

Hinter dem Tisch siehst du einen prunkvoll gestalteten Schrank – den Thoraschrein.
Dort wird die Thora immer aufbewahrt, eingewickelt in einen sogenannten „Thoramantel".

Vor dem Tisch sind – wie auch hier oben auf der Empore – viele Stühle und Bänke aufgereiht. Dort sitzen und stehen die Juden bei ihren Gottesdiensten bzw. wenn sie zwischenzeitlich zum Beten kommen.

Da dies eine alte Synagoge ist, sind die unteren Plätze für die Männer und die oberen, auf der Empore, für die Frauen vorgesehen.

„In den Synagogen moderner jüdische Gemeinden wird diese strenge Aufteilung teilweise einfach weggelassen", hörst du die Stadtführerin gerade sagen.
„Echt? Keine Unterschiede mehr zwischen Männern und Frauen", denkst du dir.

[Pause]

Du lässt die Stimmung der beleuchteten Synagoge noch etwas auf dich wirken.

[Pause]

Dann gehst du schnell die Treppen herunter, denn die anderen warten schon unten. Ihr verlasst die Synagoge und setzt draußen eure Stadtführung fort.

[Pause]

Später, im Hotel, liegst du auf deinem Bett und betrachtest in Gedanken noch einmal die Synagoge von heute.

Andere Religionen — Klasse 3/4

Einladung zum Pessach-Fest

Tipps und Anmerkungen zu dieser Fantasiereise:
Im unterrichtlichen Vorfeld sollten bereits die zentralen Feste des Judentums und deren Bedeutung behandelt worden sein. In der Fantasiereise geht vorrangig darum, den Schüler*innen einen vertiefenden, weiteren Zugang zu diesem Lernbereich zu ermöglichen.
Insbesondere sollte der Auszug aus Ägypten den Lernenden bereits geläufig sein, sodass eine intuitive Verknüpfung zu diesem Ereignis durch das Pessach-Fest auf einfache Weise gewährleistet ist – und damit verbunden ein fantasievolles, ungehindertes Folgen dieser Reise.
Es ist ebenfalls von Vorteil, wenn den Kindern alle Aspekte und Rituale dieses Festes, wie zum Beispiel die verschiedenen Lebensmittel des Seder-Tellers, bekannt wären. Dadurch lassen sich „ungehemmte Lautäußerungen" zu diesen Themen während der Fantasiereise weitgehend ausschließen.

Mögliche Arbeitsaufträge:
- Male den Seder-Teller aus deiner Reise auf ein Blatt Papier und schneide ihn aus. Klebe ihn anschließend auf die Mitte eines Plakates. Nun knickst du die rechte und die linke Seite des Plakates so nach innen ein, dass der Teller noch komplett zu sehen ist. Anschließend klappst du ihn wieder auf und beschriftest den Teller ausführlich. Auf diese Weise erhältst du also ein „Klapp-Plakat" zum Thema „Seder-Teller".
- Schneide die vier Fragen und Antworten des Festes aus und klebe sie in der richtigen Reihenfolge auf ein Arbeitsblatt zum Thema Pessach-Fest. Je nach Lerngruppe lassen sich die Aufgaben gut differenzieren bzw. erleichtern, indem z.B. Stichpunkte oder der Anfang der jeweiligen Abschnitte bereits auf das Arbeitsblatt an entsprechender Stelle notiert sind.
- Puzzelt einen Seder-Teller und malt ihn aus. (Hierzu stellt die Lehrkraft eine entsprechende Kopie zur Verfügung.)
- Kennt ihr Feste, die in anderen Religionen ebenso an wichtige Ereignisse erinnern sollen (im Christentum, im Islam usw.)? Stellt eine Liste mit entsprechenden Festen auf. Schreibt die Religion und die jeweilige Bedeutung der Feste dazu. So erhaltet ihr eine multireligiöse Liste, die in unserer Welt heute eine Rolle spielt. Vielleicht könnt ihr zudem Kinder eurer Klassenstufe, von denen ihr wisst, dass sie anderen Religionsgruppen zugehören, dazu befragen und eure Liste auch dadurch ergänzen?

Fantasiereise: Einladung zum Pessach-Fest

Du bist in dieser Fantasiereise ein jüdisches Kind.
Mit deiner jüdischen Familie lebst du in Deutschland.
Im Frühjahr begeht ihr das Pessach-Fest.
Eines der wichtigsten Feste im Jahr!

Es erinnert an den Auszug aus Ägypten. Daran, dass Gott durch Moses die Israeli aus der Gefangenschaft geführt hat.
Diese Befreiung war und ist nach wie vor für Juden enorm wichtig.

Wie war das noch mal?
Du erinnerst dich an den Pharao,
die Plagen,
das geteilte Meer,
die zehn Gebote …

[Pause]

Der sogenannte Sederabend – der Vorabend des mehrtägigen Festes – leitet die Feierlichkeiten ein.

Zunächst wird der Tisch gedeckt.
Auf den Tisch kommt der Seder-Teller.
Dies ist ein Teller mit verschiedenen Zutaten.

Das jüngste Familienmitglied stellt vier Fragen.

„Warum wird als Vorspeise ein Stück Gemüse in Salzwasser eingetaucht?"

Das Familienoberhaupt – das ist meist der Vater – beantwortet die Fragen.

Weißt du die Antwort auch noch?

[Pause]

„Das Salzwasser soll uns Juden an die vielen Tränen der Angst und Verzweiflung erinnern, die unsere Vorfahren als Sklaven in Ägypten vergossen haben."

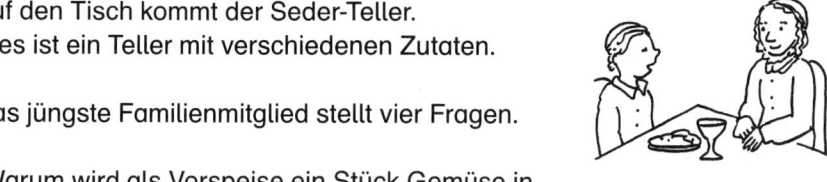

Ach ja, Tränen sind auch salzig.
Hast du das beim Weinen vielleicht auch schon mal geschmeckt?

[Pause]

„Warum gibt es heute am Sederabend nur Mazzen?"

Mazzen, dieses ungesäuerte, eher langweilig schmeckende, flache Brot …

Wie lautete da die Antwort noch mal?

[Pause]

„Es soll daran erinnern, dass unseren Vorfahren damals keine Zeit blieb, das Brot langfristig vorzubereiten, weil sie so überstürzt aus Ägypten fliehen mussten, mit Moses. Sie sind außerdem ein Symbol für Selbstlosigkeit und Bescheidenheit."

[Pause]

Die fliehenden Israeli waren mit diesem ganz einfachen Brot zufrieden und teilten natürlich mit ihren Mitflüchtlingen.
Wenn es heutzutage kaum etwas zu essen gäbe, wäre ich damit sicher auch zufrieden. Aber glücklicher bin ich schon, wenn ich verschiedene Brötchen und Brote, Croissants und vieles mehr beim Bäcker kaufen und essen kann.

Aber es ist ja nur für die acht Tage des Pessach-Festes, als Erinnerung an den Auszug aus Ägypten …

[Pause]

„Wozu gibt es die bitteren Kräuter?"

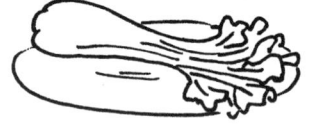

Ah, das konntest du dir gut merken!
Der bittere Geschmack soll daran erinnern, wie bitter, also wie schwer und anstrengend das Leben für unsere Vorfahren in der Sklaverei gewesen war.

Entsprechend lautet die Antwort eures Familienoberhauptes.

[Pause]

Bleibt die letzte Frage, die nun gestellt wird:

„Warum entspannen wir uns an diesem Abend und essen angelehnt an die Stuhllehne?"

Das hast du auch schon immer wieder merkwürdig gefunden.
Aber sogar da kennst du die Antwort:

Könige lehnten damals zum Essen ganz entspannt auf einer Art Liege. Das heißt, sie lagen fast beim Essen. Einfache Menschen aßen im Sitzen.
Nur sogenannte „freie Menschen" durften beim Essen eine ähnliche Haltung wie die Könige einnehmen. Freie Menschen sind das Gegenteil von Sklaven.

Weil die Zeit der Sklaverei unserer Vorfahren vorbei ist, können wir nun auch in einer solchen Position essen.

Das Essen in dieser (heutzutage, ehrlich gesagt, etwas ungemütlichen) Position soll daran erinnern, dass die Vorfahren und auch wir frei sind.

Du bist stolz, als du hörst, dass auch diese Antwort stimmt.
Du bist stolz auf dich, dass du so viel weißt!

Auf dem Sederteller, mitten auf dem Tisch, sind vorbereitet:

- Früchte als Mus
- etwas Gemüse
- ein Lammknochen
- ein gekochtes Ei
- Bitterkräuter und
- Salzwasser.

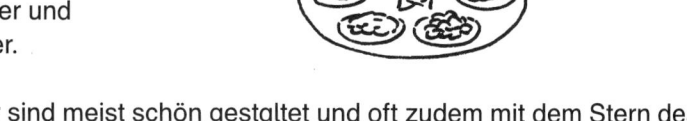

Solche Teller sind meist schön gestaltet und oft zudem mit dem Stern des Königs David verziert.
Natürlich fehlt auf dem Tisch nicht das Mazzen.

Erst nach dem Ritual der „vier Fragen" beginnt das Festessen.
Ihr esst verschiedenste, leckere Dinge.

[Pause]

Nach dem Essen schläfst du mit vollem Bauch glücklich ein – und träumst vom Auszug aus Ägypten.

Bibel und Tradition Klasse 3/4

Welch großartige Bibliothek!

Tipps und Anmerkungen zu dieser Fantasiereise:
Im vorhergehenden Unterricht sollten die Entstehung der Bibel und deren Aufbau bereits behandelt worden sein – die Fantasiereise baut hierauf auf.

Bitte überprüfen Sie vorab, ob Sie jeweils eine gleiche Strukturierung gewählt hatten, oder ob Sie hier etwas anderes betonen möchten. Sie können die Reise dann entsprechend einfach variieren bzw. anpassen.

Die kindliche Abenteuerlust sollte die Fantasie-Reisenden in die geheime, versteckte Bibliothek geleiten, um auf spannende Art und Weise hin zur Bibel, zum Alten und zum Neuen Testament zu führen.
Falls sich sehr empfindsame Kinder in Ihrer Lerngruppe befinden, sollten Sie nochmals betonen, dass dies eine reine Fantasiereise ist, während der sie komplett sicher und geschützt mitreisen können. Vielleicht hilft es solchen Kindern auch, in Gedanken ihr Kuscheltier oder ein Haustier als Begleitende mitzunehmen.

Mögliche Arbeitsaufträge:
- Male die geheime Bibliothek deiner Reise.
- Einige Bücher sind aus der Bibliothek gestohlen worden. Zum Glück hat die Polizei die Diebe geschnappt und auch die fehlenden Bücher wiedergebracht. Sortiere diese Bücher nun an die jeweils richtige Stelle im Bücherregal. (Für diese Aufgabe sollte im Vorfeld ein Arbeitsblatt gestaltet werden, das einige Lücken in der Bibliothek aufweist. Je nach Differenzierungsstufe könnten zudem die fehlenden Bücher – als Buchrücken – zur Verfügung gestellt werden.)
- Baue mithilfe eines Schuhkartons die geheime Bibliothek. Von außen erscheint der Karton wie eine einfache, „normale" Stadtbibliothek. Nur eine kleine, unscheinbare Tür – die sich natürlich aufklappen lässt – deutet darauf hin, dass sich auch im Inneren des Kartons etwas befindet. Von innen gestaltest du die geheime Bibliothek.
- (Sie können hier gut differenzieren, indem Sie den Schüler*innen unterschiedliche Vorlagen anbieten, die sie nur ausschneiden und anmalen oder ggf. auch teilweise noch beschriften müssen.)

Fantasiereise: Welch großartige Bibliothek!

Du bist in der Stadtbibliothek – auf der Suche nach einem neuen, spannenden Buch für dich. Gerade stöberst du in den Regalen, in denen die für dich interessantesten Bücher stehen. Aber irgendwie ist diesmal nichts dabei, was du so richtig spannend findest.
Du gehst um das nächste Regal herum.
Da entdeckst du plötzlich eine kleine Tür, unten in der Wand.

Also nicht so eine Tür, wie sie jeder von uns kennt,
sondern eine ganz kleine, unscheinbare.
Sie hat die gleiche Farbe und das gleiche Material wie die Wand.
Eher sieht sie aus wie eine Hundetür, wegen dieser Höhe,
oder eine für Zwerge oder Gnome …

Merkwürdig. Sie war dir bisher noch nie aufgefallen.
Und auch alle anderen in der Bibliothek scheinen sie nicht zu bemerken.

Neugierig gehst du nun vorsichtig auf diese Tür zu.

Du schaust dich um, aber keiner der anderen Besucher beachtet dich.
Auch die Bibliothekarin, die gerade an der Theke arbeitet,
sieht nicht in deine Richtung.

An der Tür angekommen, berührst du sie vorsichtig.
Als hätte sie auf dich gewartet, öffnet sich die Tür lautlos.

Du machst dich so klein, wie du kannst, und schaust dich noch einmal um.
Keiner beobachtet dich. Und husch … bist du durch die Tür hindurch.

Du gehst einen kleinen Flur entlang.
Links und rechts hängen verschiedene Gemälde.
Du betrachtest sie, während du langsam und vorsichtig weitergehst.

Es sind eindrucksvolle Bilder, nicht wahr?

[Pause]

Am Ende des Flures stehst du vor einer
gewaltigen, großen Tür.

[Pause]

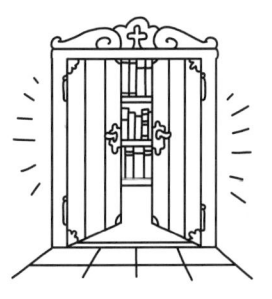

Sie öffnet sich langsam, ganz von allein.
Du schaust durch den Spalt.
Der Spalt wird immer größer.
Bis du vor einer riesigen, offenen Tür stehst.
Hinter der Tür erstrahlt ein wundervoller, großer Bibliotheksraum.

[Pause]

Dieser Raum ist einfach umwerfend. So alt.
So majestätisch. Vielleicht hast du einen ähnlichen
Raum schon mal gesehen?
Vielleicht im Fernsehen oder im Internet?

[Pause]

Dieser Raum ist auf jeden Fall noch majestätischer und
noch strahlender!
Du trittst ein.
Wie fühlst du dich dabei?

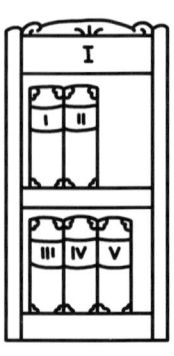

[Pause]

Du gehst die Regale ab und liest, was auf den Büchern und den Regalen steht:

Die fünf Bücher Mose.

Oh ja, an die kannst du dich erinnern. Das sind … Wie heißen die noch mal?

[Pause]

Genesis. Exodus. Levitikus. Numeri und Deu …
Deutero … Deuteronomium. Genau. So wars!
Es sind prunkvolle, dicke Bücher.

Danach kommen viele etwas kleinere Bücher.
Da steht zum Beispiel: Richter, Könige und Judith.
Auf dem Regal heißt es:
Die Bücher der Geschichte des Volkes Gottes.

[Pause]

Auf diese Bücher folgt ein Regal mit einem ganz dicken und ein paar mittleren Büchen. Auf dem ganz dicken Band sind Musiknoten gemalt.
Und du weißt auch ganz genau, warum …

[Pause]

In diesem Buch stehen die Psalmen.
Das ist eine Sammlung von Liedern, die zu Ehren Gottes geschrieben und gesungen wurden. Außerdem gehören zu diesem dicken Buch der Psalmen auch noch weitere Bücher mit Lehrweisheiten.

[Pause]

Danach kommen ganz viele ähnlich große Bücher.
Das sind die Bücher der Propheten.

Die Propheten waren Menschen, die von Gott berufen und beauftragt wurden, den anderen Menschen von ihm zu erzählen.
Auch davon, wie sich Menschen verhalten sollten und was alles passieren wird. So ungefähr hattest du das zumindest im Religionsunterricht gelernt.

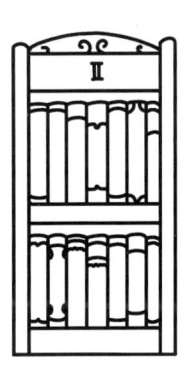

[Pause]

Das war jetzt alles auf der einen Seite der großartigen alten Bibliothek.
Alle diese Bücher stehen im sogenannten „Alten Testament".
Dem „Alten Testament" der Bibel.
Das „Alte Testament" hat sogar eine eigene Abkürzung.
Weißt du sie noch?

[Pause]

Mit „AT" wird das „Alte Testament" abgekürzt.
Neben dem „Alten Testament" gibt es in der Bibel auch noch das „Neue Testament".

Das wird auch abgekürzt.
Ganz einfach: „NT".

Du bist dir jetzt schon sicher, dass auf der anderen Seite der Bibliothek das „Neue Testament" stehen wird.

Worum ging es eigentlich noch mal im „Neuen Testament"?

[Pause]

Oh ja, jetzt fällt es dir wieder ein:
Es geht um die Geschichte Jesu.
Sein Leben, sein Handeln, seine Botschaft.
Und es geht darum, wie sich die Botschaft Jesu nach seinem Tod verbreitet hat auf der Welt.

[Pause]

Am Anfang des „Neuen Testamentes" stehen die Evangelien.
Die sind von den Evangelisten:
Matthäus, Markus, Lukas und Johannes.

Danach kommt die Apostelgeschichte.

[Pause]

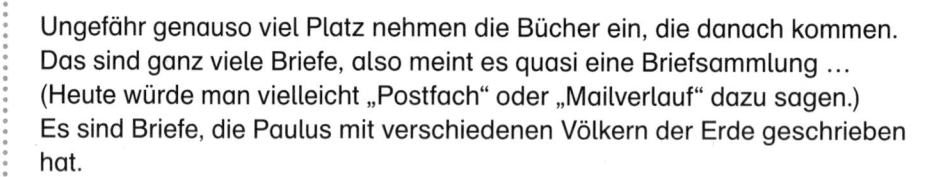

Ungefähr genauso viel Platz nehmen die Bücher ein, die danach kommen.
Das sind ganz viele Briefe, also meint es quasi eine Briefsammlung …
(Heute würde man vielleicht „Postfach" oder „Mailverlauf" dazu sagen.)
Es sind Briefe, die Paulus mit verschiedenen Völkern der Erde geschrieben hat.

Dass so viel geschrieben wurde! Erstaunlich!
Aber das war damals noch die beste Möglichkeit, ganz viele Menschen zu erreichen.

(Heute würde man womöglich eher Twitter oder Instagram oder vielleicht noch etwas anderes nutzen …)

[Pause]

Du gehst im Regal weiter und liest:
Pastoralbriefe – schon wieder Briefe also:
Da gibt es zum Beispiel ein dickes Buch, auf dem steht: „Hebräer".

Hebräisch ist eine Sprache.
Eine Sprache, die damals gesprochen wurde und teilweise auch heute noch wird.

So was aber auch! Die haben ein eigenes dickes Buch.
Danach kommen die Katholischen Briefe –
das sind die Briefe von Jakobus, Petrus, Johannes und
Judas.
Und ganz zum Schluss steht da wieder eines der
dicksten Bücher aus dieser Bibliothek:
„Die Offenbarung des Johannes"
„Das Prophetische Buch"

[Pause]

Du schaust dich in dieser strahlenden Bibliothek noch
einmal um:
So viele verschiedene Bücher.
In so vielen Regalen.
Alles strahlt und wirkt beeindruckend hell und freundlich.
Du fühlst dich geborgen, umgeben von diesen vielen Büchern.
Du genießt es, dort in dieser geheimen Bibliothek zu stehen.
Zwischen all diesen Büchern.
Wie in einer Schatzkammer.

[Pause]

Nach einer Weile schaust du auf deine Uhr.
Oh je, jetzt aber schnell!
Die Bibliothek – also die öffentliche Bibliothek, in der alle anderen sind, wie
auch die Bibliothekarin – diese übliche Stadtbibliothek schließt ja bald.

Du wirfst noch einmal einen Blick auf alles
und gehst schnell zurück:
Durch die große Tür.
Durch den Flur mit den Bildern.
Durch die kleine Geheimtür.

[Pause]

Es hat dich keiner gesehen.
Gott sei Dank!
Du gehst zum Ausgang der Stadtbibliothek.

„Na, heute nichts gefunden?", fragt dich auf einmal die Bibliothekarin.
„Nö, nichts", antwortest du kurz und denkst dir: „Wenn die wüsste ...!"
Lachend gehst du raus.

Bibel und Tradition — Klasse 3/4

Die Evangelisten

Tipps und Anmerkungen zu dieser Fantasiereise:
Über das Leben der Evangelisten und über die Entstehung der Bibel gibt es auch heutzutage immer noch neue Erkenntnisse. Kinder können hierzu lebhaft diskutieren und sehr interessierte Fragen mit in den Unterricht einbringen!
Das Verständnis der Lerngruppe für die Komplexität der Thematik und hinsichtlich Schwierigkeiten der genauen Recherche wird Ihnen gewiss gegeben sein, wenn Sie auf einige Aspekte der Historie genauer eingehen (Zeitgeschehen, Art und Weise der Entstehung bzw. Änderung von Bibeltexten, Konzile und Synoden).

Mögliche Arbeitsaufträge:
- Was wäre heute einfacher, wenn Jesus erst vor kurzem gelebt und gewirkt hätte, und wenn die Menschen jetzt eine Bibel verfassen wollten?
- Sucht euch eine Person aus (z.B. Klassensprecher*in oder Klassenlehrer*in).
- Versucht – ohne diese Person selbst zu fragen – besondere Geschichten über diese zu erfahren. Vielleicht handeln die Geschichten von Schulausflügen, von Kolleg*innen, die den- bzw. diejenige kennen bzw. schon mal etwas von ihm gehört haben ... Notiert diese Geschichten schließlich auf gelochte A5-Karten. Anschließend werden diese zusammengebunden.
- Besprecht dann mit der Person, über die ihr geschrieben habt, ob diese Geschichten alle so stimmen.
  (Hinweise für die Lehrkraft: Diese Aufgabe bedarf einiger Vorbereitung. Die Personen, über welche Geschichten gesammelt werden, sollten vorab gefragt werden und mit dem Arbeitsauftrag einverstanden sein.)
- (Der Auftrag ließe sich auch zu einer Art „Rollenspiel" abwandeln: Dazu könnten einige Personen bestimmt werden, welche gezielt vorbereitete Geschichten erhalten.)

Fantasiereise: Die Evangelisten

Du lebst etwa im Jahr 70 nach Christus.
Du befindest dich gerade in Rom.
Jesus ist nun schon etwa 40 Jahre tot.
Dennoch ist es immer noch ein Wunder, von dem immer wieder berichtet wird.
Und damit meinst du nicht nur die Auferstehung.
Auch, dass Jesus überhaupt lebte und was er alles getan hatte.

Dein Name ist Markus.

Markus ist eigentlich ein römischer Name. Er ist dem Kriegsgott Mars gewidmet. Du hast also römische Wurzeln.
Und das Christentum ist ja auch noch recht neu.

Du bist allerdings ein sehr interessierter Mensch.
Schon oft hast du von Jesus gehört.
Natürlich nur gehört, weil die Geschichten von und über Jesus bisher immer nur von einem zum anderen weitererzählt wurden.
Zum Beispiel abends am Lagerfeuer, wenn die Hirten sich von einem anstrengenden Tag ausruhen und sich dabei gelegentlich mit anderen Hirten trafen.

Man wollte diese Geschichten natürlich nicht vergessen.
Deswegen wurden sie immer weitererzählt.

Du bist aber der Meinung, dass das nicht reicht.
Vermutlich werden die Geschichten immer weiter verändert.
Womöglich hat auch irgendwann jemand keine Lust mehr, die Geschichten weiter zu erzählen.

Du hast also den Entschluss gefasst,
alle Geschichten, die du gehört hast oder noch hören wirst, aufzuschreiben.
Alle Geschichten zu sammeln und aufzuschreiben –
genau das ist es, was du jetzt tun möchtest.

Du machst dich auf den Weg.
Du redest mit vielen Menschen.

Du hörst ihnen zu, welche Geschichten sie von Jesus zu erzählen haben.
Du reist weit durch die Gegend.
Aber auch die Menschen bekommen langsam mit,
dass du diese Geschichten sammelst.
Sie kommen teilweise sogar zu dir, um dir ihre Geschichten zu erzählen.

[Pause]

Natürlich versuchst du, alle deine Geschichten zu überprüfen.
Du schaust, ob es sein kann, was die Leute erzählen.
Ob es die Orte und Leute gegeben hat.
Ob vielleicht auch andere die gleiche Geschichte erzählen.
Was bei den verschiedenen Geschichten gleich ist und wo der Unterschied
liegt. Auch das kann zeigen, wo die Wahrheit liegen wird.

[Pause]

Du reist. Du recherchierst. Du machst dir Notizen.

[Pause]

Dann setzt du dich immer wieder
hin und schreibst und schreibst und
schreibst.
Dein Werk, das von vielen, vielen
Menschen gehört und gelesen und
sogar in alle Sprachen der Welt
übersetzt werden wird,
heißt später das „Markus-Evangelium".

[Pause]

Außer dir werden auch noch Matthäus, Lukas und Johannes solche
Geschichten von Jesus sammeln und aufschreiben.
Später werdet ihr vier Geschichtsschreiber Jesu als die vier Evangelisten
bezeichnet werden.
Erstaunlich, was aus einem Leben werden kann.